BUCHNERS LESEREIHE DEUTSCH

Texte und Arbeitshilfen für den Literaturunterricht
Herausgeber: Michael Krejci und Jakob Lehmann

Trivialromane

Materialien und Arbeitsvorschläge
zusammengestellt von Karl Schuster

C. C. BUCHNERS VERLAG BAMBERG

Buchners Lesereihe Deutsch
herausgegeben von Michael Krejci und Jakob Lehmann
Heft 4
Trivialromane

erarbeitet von Karl Schuster

1. Auflage 1^{4321} 1988 86 84 82
Die letzte Zahl bedeutet das Jahr dieses Druckes

Materialien und Arbeitsvorschläge:

Einband: Reinhard Rüger, Bischberg
Gesamtherstellung: Druckerei St. Otto-Verlag, Bamberg

ISBN 3 7661 4404 9

INHALT

Vorwort

Das vorliegende vierte Heft von »Buchners Lesereihe Deutsch« bietet

- typische Auszüge aus Trivialromanen als Primärliteratur,
- Aussagen der Sekundärliteratur hierzu,
- ein differenziertes und flexibel zu handhabendes Aufgabenangebot, das auch fachübergreifende Aspekte berücksichtigt und
- Raum für das Eintragen und Festhalten von Arbeitsergebnissen, die so für spätere Beschäftigung mit Literatur verfügbar bleiben.

Es handelt sich also um ein Lese- *und* Arbeitsheft. Seine Anlage macht es möglich, im Unterricht nicht nur Eigenarten trivialer Romane zu erarbeiten, sondern diese Texte auch in ihren Entstehungs- und Wirkungszusammenhängen zu betrachten und zu erklären. Auf diese Weise kann sowohl strukturale als auch etwa sozioökonomische oder psychologische Erschließung und Erklärung der Primärtexte versucht werden. Trotz der systematischen Anordnung der Materialien und Aufgaben bleibt es Lehrern und Schülern überlassen, je nach Interessenschwerpunkt daraus auszuwählen oder die Reihenfolge der Verwendung zu ändern.

Auf Seite 43/44 werden Vorschläge für einen solchen offenen Literaturunterricht gemacht, dessen Ziel nicht die Abwertung von Trivialliteratur, sondern deren kritisches Verstehen ist.

Die Herausgeber

Monika Bauer

Wie roter Mohn
flammte ihre Liebe

*Das Schicksal
einer leidenschaftlichen schönen Frau*

Das kleine, malerische Dorf unweit der Nordsee schien von der lauten, hektischen Welt da draußen völlig vergessen worden zu sein. Still und beschaulich führten die Bewohner ihr Leben, wie es schon ihre Väter vor ihnen geführt hatten. Sie waren zufrieden mit dem wenigen, was sie besaßen.

Das Dorf lag inmitten bewaldeter Berge, die hoch in den Himmel ragten und weithin wie dunkle Wände über das Meer hinaus sichtbar waren. Wenige der Menschen, die hier auf ihren stolzen Schiffen vorbeifuhren, konnten sich vorstellen, daß hinter dieser mächtigen, dunklen Wand Menschen wohnten, daß sich dahinter menschliche Schicksale abspielten. Die Menschen hier waren ernster, verschlossener. Sie trugen ihr Herz nicht auf der Zunge, aber es schien so, als ob hinter ihren so ruhigen Gesichtern eine verborgene Leidenschaft schwelte, die bei dem geringsten Anlaß ganz plötzlich wie ein Vulkan zum Ausbruch kommen konnte.

Herr über die weit ausgedehnten Wälder und fast über das ganze Land ringsum war der Müller Linly, der mit seiner einzigen Tochter im Teufelstal wie ein König regierte und mit einem einzigen Fingerzeig über menschliche Schicksale entschied.

Er war ein gestrenger Herr. Die Dörfler fürchteten ihn und kratzten ihr letztes Scherflein zusammen, um ihm die Pacht pünktlich zu zahlen und um nicht in Verzug zu geraten. Wenn ihnen da gerade noch etwas fürs tägliche Leben blieb, waren sie zufrieden, und ihnen kam nicht in den Sinn, sich gegen die unbeugsame Härte ihres Herrn aufzulehnen. Oft mußten sie ihre Söhne und Töchter zu ihm in den Dienst geben, damit sie ihre Pacht zahlen konnten, denn der reiche Müller hatte nebenbei noch große Fischerboote, mit denen er jeden Morgen hinaus auf das Meer fuhr. Er suchte sich seine Arbeitskräfte aus den stämmigen Dorfbewohnern heraus, die alle mit dem Meer verwachsen waren.

Niemand wagte, sich gegen ihn aufzulehnen, ihm zu widersprechen, seinen Zorn hervorzurufen, denn er konnte furchtbar sein.

Sein Vater war als junger Bursche eines Tages im Dorf erschienen. Er war ein stämmiger, kraftvoller junger Mann.

Allen Warnungen zum Trotz kaufte er das Tal, das seit Menschengedenken von den Einheimischen das Teufelstal genannt wurde und seinen Namen bis auf den heutigen Tag behalten hat.

Woher dieser Name eigentlich kam, wußte keiner mehr zu sagen. Eines stand für die Dörfler aber heute noch fest: Sie alle scheuten sich, das Tal um die Mitternachtsstunde zu betreten.

Im Tal wurde es zur Geisterstunde lebendig. Deutlich konnte man das Klagen der ruhelosen Seelen hören, das durch die Bäume strich, und einige Dorfbewohner schworen darauf, daß sie um diese Stunde weiße Gestalten, die in lange, wehende Schleier gehüllt waren, über die breiten Wiesen schweben sahen und ihr Klagen schauerlich anzuhören war.

Der Mann aber verlachte den Aberglauben der Einheimischen. Er blieb im Tal und baute eine Mühle. Bisher hatten die Dörfler ihr Getreide viele Kilometer weit zum Mahlen wegbringen müssen. Nun aber hatten sie eine eigene Mühle.

Schon nach wenigen Monaten zeigte es sich, wie recht der Müller gehandelt hatte, als er sich hier niederließ. Aus den umliegenden Dörfern kamen die Bauern nun alle zu ihm. Sein Wohlstand wuchs, er wurde reich, und eines Tages kaufte er die ersten kleinen Fischkutter. Er stellte Leute ein, und wieder einmal zeigte es sich, daß Linly einen feinen Riecher für alles hatte, was mit Geld und Erfolg zusammenhing.

Dabei blieb er ein einfacher, etwas derber Mann, der sich genau den Menschen anpaßte, unter denen er lebte. Es war bezeichnend für seinen Charakter, daß er sich, als er heiratete, kein Mädchen aus besserem Stand nahm, sondern die Tochter eines kleinen Bauern.

Es wurde eine glückliche Ehe. Ein Sohn und eine Tochter wurden ihnen geboren. Die Tochter zog nach Jahren mit einem reichen Kaufmann nach Bremen, der Sohn kehrte heim, nachdem er die Schulen besucht hatte, und ein gelehrter Mann geworden war. Er brachte sich eine Französin als Frau mit, zum Verdruß des alten Linly, der viel lieber eine Hiesige als Frau seines Sohnes gesehen hätte.

Aber Minon war eine reizvolle, zauberhafte Frau. Ihr gelang es sogar, das Herz des alten Mannes zu gewinnen, und schon nach wenigen Wochen konnte Linly sich das Leben ohne seine reizende Schwiegertochter gar nicht mehr vorstellen.

Ein Unglücksfall riß den Alten mitten aus seinem arbeitsreichen Leben. Nun trat der Sohn an seine Stelle. Aber er war von einem ganz anderen Schlag als sein Vater und führte ein hartes Regiment. Er war raffgierig, und sein Sinn war darauf gerichtet, noch immer mehr Reichtum anzuhäufen und sich das ganze umliegende Land zu eigen zu machen. Schon sehr bald gab es keine selbständigen Bauern mehr, nur noch Pächter, die von ihm abhängig waren. Nur ganz wenige, die fest und sicher auf den Füßen standen, hatten sich gegen ihn behaupten können.

Zu ihnen gehörten der Bürgermeister, der Gastwirt und noch einige größere Bauern, mit denen er seit Kinderzeit eng befreundet war. Sie waren wie eine kleine verschworene Gemeinschaft. Sie trafen sich ein paarmal im Monat, um sich gemütlich zusammenzusetzen, während ihre Frauen und Töchter sich beim Tanz vergnügten. Es war eine herbe Enttäuschung für den stolzen, arroganten Mann, als ihm nur eine Tochter geboren wurde. Er hoffte noch immer auf einen Sohn, aber als seine Frau nach Jahren starb, begrub er diese Hoffnung.

Er liebte seine Einzige auf seine herbe Art und verwöhnte sie in jeder Beziehung, obwohl er nie die Zeit fand, sich persönlich um sie zu kümmern. Sie wuchs mit den anderen Dorfkindern auf wie eine von ihnen, und man mochte sie im ganzen Dorf gern. Und doch war sie anders als die Mädchen, unter denen sie aufwuchs – sie zog alle Blicke auf sich und glich ganz ihrer französischen Mutter. War zart und feingliedrig. Ihre Bewegungen waren anmutig und weich. Ihr Haar trug den satten Ton von altem Kupfer und fiel ihr weich und lose auf die Schultern. Ihr Mund war blutrot und leidenschaftlich, die blauen Augen waren meist verträumt, konnten aber aufsprühen wie Feuer und verrieten, daß hinter dieser zur Schau getragenen Verträumtheit eine leidenschaftliche Seele verborgen war.

Je älter Cynthia wurde, um so mehr lebte sie in ihrer eigenen Welt, die sie sich in ihrer reichen Phantasie aufgebaut hatte, die sie aus der Einsamkeit ihrer Heimat entführte in die weite Welt.

Niemand kümmerte sich um sie. Die Frauen, die im Haus angestellt waren, hatten mit ihrer Arbeit vollauf zu tun. Keiner fand Zeit, sich mit dem Kind zu befassen. Der Vater kannte nur seine Arbeit. Er war wenig im Dorf und fuhr mit seinem Boot sehr viel hinüber auf das Festland, wenn er nicht in den Dörfern zu tun hatte.

So wuchs Cynthia wie ein kleiner Wildling auf. Ein Kind ihrer Heimat – und wenn sie über die Dünen oder geschmeidig wie eine Gazelle den Berg hinauflief, von wo aus sie das Meer überblicken konnte, dann konnte man glauben, ein feenhaftes Geschöpf triebe hier sein übermütiges Spiel. Oft kam sie müde und mit zerrissenen Kleidern nach Hause. In den Sträuchern hingen die Spitzen ihres Unterrockes, oder die zarte Seide ihres Kleides hatte den Dornen nicht standgehalten, durch die sie sich rücksichtslos ihren Weg gebahnt hatte.

Aber keiner schalt mit ihr. Sie lief in ihr Zimmer, warf die zerfetzte Wäsche ab, knüllte sie zusammen und warf sie weg.

Meist fischte sie sich dann einen alten roten Kattunrock heraus, dem man ansah, daß er schon manches hinter sich hatte, eine leichte Bluse, die sie sich einfach überwarf, und war im nächsten Augenblick wieder verschwunden. [. . .] *(S. 3/4)*

»Tag, Vater!« Die Begrüßung fiel nicht überschwenglich aus. Es lag den beiden Menschen nicht, ihre Gefühle offen zur Schau zu tragen.

Auch der Müller nickte seiner Einzigen nur zu und wandte sich dann an den Mann, der hinter ihm stand.

»Unsere Jagdhütte hat in diesem Jahr einen neuen Pächter gefunden, Cynthia. Herr Harding will den Sommer über bei uns bleiben. Er ist ein leidenschaftlicher Jäger.«

Das Mädchen hörte ihm kaum zu. Sie sah nur den blonden, hochgewachsenen Mann, dessen blaue Augen einen seltsamen Glanz ausstrahlten, sah das scharfgeschnittene, braune Gesicht, das Energie und Mut verriet, das scharf vorspringende Kinn, das seinem Gesicht etwas Hartes gab, und fühlte eine seltsame Beklemmung, die plötzlich von ihr Besitz nahm.

Dann warf sie sich jäh herum und lief davon. Wie ein scheues Reh, mußte der Mann denken, der etwas verwundert hinter ihr hersah und sich dann fragend an den Müller wandte.

»Nehmen Sie es nicht tragisch, Herr Harding«, bemerkte der Müller lächelnd. »Cynthia ist nun einmal so. Sie werden sich an ihre oft etwas seltsame Art gewöhnen müssen.«

Der Mann nickte nur, schulterte seinen Rucksack und pfiff seinem Hund, der schnuppernd, die Nase auf der Erde, den Spuren des flüchtigen Mädchens nachlief.

Die beiden Männer schritten an den anderen vorbei, die neugierig den Weg säumten. [. . .] *(S. 8)*

Alles an dem jungen Mädchen war zauberhafte Anmut und verhaltene Leidenschaft. Jede Bewegung war ausgeglichen und von einer fast raubtierhaften Geschmeidigkeit.

Nie glaubte der Mann ein schöneres Mädchen gesehen zu haben, als die junge Cynthia, die leicht vorgebeugt am Wasser saß und die schlanken braunen Beine den Felsen herunterbaumeln ließ.

Das kupferrote Haar umgab wie ein feuriger Schwall das zarte Gesicht, das von einer satten Bräune war. Wie helle Fackeln schimmerten die blauen Augen, die an klare Bergseen erinnerten. Der Mund war rot wie Korallen, und die rote Zunge züngelte wie eine kleine Schlange zwischen den vollen Lippen. Die Haut war tiefbraun, wie man es sonst nur bei Südländern findet, und bildete einen seltsamen Kontrast zu dem Rot ihrer Haare.

Sie hatte ihn noch nicht bemerkt, und so konnte der Mann sich ganz dem Zauber, der von ihr ausging, hingeben.

Rex wurde das stille Verharren zu langweilig. Er stob plötzlich vorwärts und rannte laut kläffend auf das Mädchen zu, das erschrocken zusammenzuckte und ihm nun schnell das Gesicht zuwandte.

Fassungsloses Erstaunen zeigte sich sekundenlang in ihrem schönen Gesicht. Sie starrte ihn in leichter Verwirrung an, als begreife sie nicht, woher er auf einmal kam. Ihr schien es, als wäre er vom Himmel gefallen, direkt in ihre verwirrenden Träume hinein, denen sie sich so gern hingab.

»Verzeihen Sie bitte, Rex hat Sie erschreckt, nicht wahr?« sagte er nun und trat vollends auf sie zu.

Sie machte eine Bewegung, als wollte sie fliehen, aber sie blieb doch ganz still sitzen und hob die großen Augen mit einem unschuldigen, doch wissenden Blick zu ihm auf.

»Ich habe Sie nicht kommen hören«, sagte sie nun. Ihre Stimme klang wie eine schwingende, volltönende Glokke, und sie klang noch in seinen Ohren nach, als sie schon lange verstummt war.

Der Mann konnte seinen Blick einfach nicht von ihr lösen. Sie erschien ihm wie ein kostbares Gemälde, das aus seinem Rahmen entstiegen war, um sich unter die Menschen zu mischen. Ihre frauliche Würde bezauberte ihn, aber gleichzeitig hatte sie etwas so kindlich Mädchenhaftes an sich, wie er es noch nie bei einer Frau wahrgenommen hatte. [. . .] *(S. 11/13)*

Plötzlich versank alles, was sich bisher trennend zwischen ihm und dem geliebten Mädchen aufgerichtet hatte. Er sah nur noch sie, spürte die warme Haut ihrer Schultern zwischen seinen Fingern und hatte nur noch den einen verlangenden Wunsch, diesen lockenden roten Mund zu küssen, bis er um Erbarmen flehte.

Cynthia lag ganz still, als sein Gesicht dem ihren immer näher kam. Aller Zorn, aller Trotz war aus ihrem schönen Gesicht gewichen, das jetzt einen fast kindlich erwartungsvollen Ausdruck annahm.

»Du . . . du . . .«, flüsterte der Mann nur, während sein Mund sich hart und besitzergreifend auf den ihren preßte. Der schwache Laut, der wie ein Seufzer ihrem Mund entfloh, wurde von seinen Küssen erstickt und ging unter in einem seligen Schluchzen.

Die braunen, schlanken Arme rankten sich leidenschaftlich um seinen Hals, als wollte sie ihn nie mehr loslassen.

Roy hatte schon manche Frau in seinen Armen gehalten und geküßt. Es waren nur flüchtige Bekanntschaften gewesen. Aber noch nie hatte es ihn innerlich so aufgewühlt, noch nie sein Herz bis in den kleinsten Winkel so stark erfüllt und ein solches Glücksgefühl in ihm ausgelöst wie jetzt, wo er das junge Geschöpf in seinen Armen hielt und den jungen Mund zum erstenmal küssen durfte.

Wie scheu und unbeholfen sie war, und doch voll versteckter Leidenschaft, ein zauberhaftes Gemisch zwischen Weib und Kind, voll betörenden Charmes.

Ganz sanft entließ er sie aus seinen Armen, küßte die großen leuchtenden Augen und richtete sich straff auf.

Es fiel ihm unsagbar schwer, aber er würde es sich selbst nie verzeihen, wenn er das kindliche Vertrauen des Mädchens ausgenutzt hätte.

Er nahm ihre Hände und zog sie sanft zu sich heran. Er bog ihren Kopf etwas zurück, um sie besser sehen zu können.

»Weißt du, wie sehr ich dich liebe?« fragte er sie flüsternd. Seine Stimme klang dabei dunkel und geheimnisvoll.

Unverwandt blickten die blauen Augen ihn an. Sie wirkten traurig. Fürchtete sie sich vor etwas?

»Eines Tages wirst du wieder davonfahren, und ich bleibe allein zurück«, flüsterte sie schluchzend. »Wie soll ich es ertragen mit meiner großen Liebe zu dir im Herzen? Es wird furchtbar einsam werden!«

Er preßte sie so hart an sich, daß sie leise aufstöhnte.

»Cynthia, du wirst mit mir kommen, du wirst meine Frau werden. Zwar bin ich nicht reich, aber in ein paar Jahren habe ich es geschafft. Dann kann ich dir ein sorgloses Leben bieten. Du wirst sehen, wir werden wundervoll zusammen leben und glücklich sein!«

Sie war jung, und sie liebte ihn, sie glaubte jedes Wort, das er ihr sagte, weil sie es glauben wollte. Dabei wies sie jeden Zweifel weit von sich.

In diesem Augenblick des Glücks dachte sie gar nicht an den Vater, nicht an den Baron, den der Vater ihr zum Mann bestimmt hatte, nicht an Corinna, auf die sie entsetzlich eifersüchtig war.

Jetzt, wo sie bei ihm war, schwiegen alle Zweifel. Nur ihre bedingungslose Liebe, die sie ganz ausfüllte, hatte noch in ihr Raum.

Ich liebe dich, sang es in ihr, aber der trotzige Mund konnte es nicht aussprechen. Nur ihre Augen, diese schönen blauen Sterne, die das braune Gesicht beherrschten, redeten eine deutliche Sprache. Und Roy verstand in ihnen zu lesen wie in einem aufgeschlagenen Buch.

Eng umschlungen gingen sie den Weg zurück, den sie kurz vorher in eiliger Flucht gekommen war.

Erst jetzt wurde ihm wieder bewußt, daß sie völlig durchnäßt war.

»Wie konnte das geschehen? Hast du irgendwo gebadet?« fragte er scherzend. Sie lachte fröhlich auf. Ihre Augen blitzten.

»Unfreiwillig, Roy! Ich hörte Rex bellen und drehte mich um. Dabei habe ich den Stein verfehlt und bin ins Wasser gefallen.«

»Es war sehr dumm von dir, vor mir zu fliehen, Liebes. Ich hätte dich gefunden, und wenn ich dir bis in die Hölle hätte folgen müssen!« Sie atmete ein paarmal ganz kurz und schnell.

»Und du glaubst, du hättest mich eingefangen, wenn ich nicht gewollt hätte?« fragte sie aufreizend zurück. Er blieb ganz ruhig. Ernst sah er sie an.

»Ja, ich hätte dich gefunden, Cynthia, weil ich dich liebe – und weil auch du mich liebst!« [. . .] *(S. 24/25)*

Noch einmal warf sie einen Blick zurück, dann glitt sie entschlossen ins Wasser und schwamm dem Dampfer entgegen.

Roy stand an der Reling und sah mit brennenden Augen zu dem Land zurück, auf dem er sein höchstes Glück, aber auch sein tiefstes Leid erfahren hatte.

Er sah zu dem dunklen Wald hinauf und wußte, die Sehnsucht würde ihn nie mehr verlassen, sie würde ihn begleiten – sein ganzes Leben lang.

Es war ein Märchen, ein wundervolles Märchen. Nun ist es vorbei. Cynthia – Corinna – die einsame Hütte – alles, was ihn unbeschreiblich glücklich und unbeschreiblich traurig gemacht hatte, nun versank es hinter ihm, und es gab keinen Weg mehr, der ihn noch einmal zurückbrachte.

Cynthia würde den Baron heiraten, vielleicht würde sie das Teufelstal verlassen und mit ihm gehen. Wie Feuer brannte der Gedanke in ihm und ließ ihn leise aufstöhnen. Seine Finger verkrampften sich um die Reling, daß die Knöchel weiß hervortraten.

Plötzlich ging ein harter Ruck durch seinen Körper, seine Augen nahmen einen starren Ausdruck an.
Spielten seine überreizten Nerven ihm einen Streich? Sah er schon Gespenster?
Ganz deutlich glaubte er jetzt eine kupferrote Haarflut auf den Wellen zu sehen. Ein schlanker Arm hob sich und winkte zu ihm herauf.
Er fuhr sich über die Augen, als müsse er sich überzeugen, daß er nicht träumte. Als er die Hand wieder sinken ließ, war der Spuk verschwunden. Ruhig lag das Wasser wieder vor ihm.
Müde wandte er sich ab und suchte seine Kabine auf, ließ sich erschöpft auf das Bett fallen.
Leise öffnete sich die Tür. Der Kapitän steckte seinen grauen Kopf hinein.
»He, Herr Harding, hier ist Besuch für Sie! Wir haben ihn direkt aus dem Wasser gefischt. Er wollte unbedingt zu Ihnen und ließ sich einfach nicht abweisen.«
Gleichzeitig schob er eine zierliche Gestalt durch die Tür und schloß sie rasch wieder. Nur sein Lachen klang noch zu den beiden zurück.
Steil richtete Roy sich auf, als er das Mädchen erkannte. Fassungslos stand er ihr gegenüber.
Er sah das Wasser, das aus ihren Kleidern troff. Und plötzlich wurde ihm klar, daß kein Spuk ihn genarrt hatte, daß es Cynthia gewesen war, die er im Wasser gesehen hatte.
»Du?« konnte er nur noch stammeln.
»Darf ich bei dir bleiben, oder schickst du mich wieder fort, Roy?«

Nichts mehr von der hochmütigen, verletzenden Art, die ihr eigen gewesen war, lag nunmehr in ihrer Stimme, nur ein demütiges Bitten um seine Liebe.
»Du bist gekommen, Cynthia – zu mir gekommen?« hörte sie ihn erregt flüstern. Sie fühlte seine kosenden Hände auf dem Haar, fühlte, wie seine Finger über ihre Stirn glitten und auf ihren geschlossenen Augen liegen blieben. Und es wurde auf einmal ganz still und friedlich in ihr, und alle Not war versunken, als wäre sie nie gewesen.
»Ich liebe dich, Roy! Ich kann ohne dich nicht sein! Laß mich bei dir bleiben.« Sie hatte die schönen Augen zu ihm aufgeschlagen, und er las die Hingabe und Bereitschaft in ihren blauen Augen, die ihn voller Liebe ansahen.
»Du hast einen ungewöhnlichen Weg gewählt, um endlich zu mir zurückzufinden, Liebste.« Er zog sie leidenschaftlich an sich. Erschauernd wurde er sich bewußt, in welche Gefahr sie sich begeben hatte. »Mein Gott, wenn dir etwas zugestoßen wäre?« murmelte er heiser und hielt sie, als wollte man sie ihm jetzt noch entreißen.
»Mir ist nichts geschehen, Liebster. Und jetzt bin ich bei dir in sicherer Hut.«
»Du bist zu mir gekommen. Mein ganzes Leben werde ich es dir danken, Cynthia, meine kleine, wilde Prinzessin.«
Für das junge Paar, das sich umschlungen hielt, waren alle drohenden Schatten untergegangen. (S. 59)

Als Diebin gebrandmarkt

. . . und dennoch reichte ihr das Glück die Hand
Ein herzergreifender Liebesroman von Senta Maler

»Wenn ich dir doch helfen könnte, mein Kind!« Frau Lindner schaute kummervoll ihre Tochter an. Schmal und weiß schimmerte das Gesicht der alten Frau aus dem hohen, schwarzen Kragen ihres Kleides.
Mit einem müden Lächeln streichelte das junge Mädchen das schüttere Haar ihrer Mutter. »Mach dir um mich keine Sorgen, Mama. Ich habe mich damit abgefunden.«
Frau Lindner seufzte auf. »Und was hatten wir für Pläne mit dir. Studieren solltest du. Und jetzt . . .« Tränen strömten aus ihren Augen. Still schluchzte sie vor sich hin.
Petra kniete sich vor ihre Mutter. Zart nahm sie die Hände der alten Frau und drückte sie sanft.
»Du darfst nicht immer daran denken, Mama«, flüsterte sie leise. »Väterchen will sicher nicht, daß du dich so um ihn grämst.«
»Vater . . .« Aller Schmerz lag in diesem einen Wort. Frau Lindner schaute auf den gesenkten Kopf ihrer schönen Tochter. Wie gesponnenes Gold schimmerte das Blondhaar im warmen Schein der Lampe. Die graugrünen Augen waren von Kummer überschattet. Das Leid um den Tod des vielgeliebten Vaters hatte in das jugendliche Gesicht seine ersten Furchen gegraben. Wie tapfer sie ist. Ohne zu klagen, hat sie ihr gerade erst begonnenes Studium aufgegeben und verdingte sich als Verkäuferin in einem großen Warenhaus.

Petra Lindner schaute langsam auf. Ihr Blick fiel auf die altertümliche Küchenuhr. Ein Erschrecken lief über ihre zarten Züge.
»Ich muß laufen, Mama. Kührwein hat es nicht gerne, wenn ich zu spät komme«, erklärte sie hastig.
Mühsam erhob sich die alte Frau. Mit sorgender Hand ordnete sie den Kragen am Kleid von Petra.
Das junge Mädchen beugte sich vor und gab der alten Dame einen herzlichen Kuß. »Geh ein wenig spazieren, Mama«, bat sie liebevoll. »Du darfst dich nicht immer hier in der Wohnung verkriechen.«
Ein müdes Lächeln erschien auf dem Gesicht der alten Frau. Abwehrend schüttelte sie den Kopf.
»Was soll ich draußen, mein Kleines. Zum Grab von Vater kann ich nicht und sonst . . .« Nur mühsam konnte sie die Tränen zurückhalten.
Petra spürte, wie sich ihr Herz vor Kummer zusammenzog. Der Tod des geliebten Vaters hatte sie beide wie ein Blitz aus heiterem Himmel getroffen. Was aber den Verlust für sie doppelt schmerzlich machte – das Grab konnten sie nicht besuchen. Franz Lindner war auf einer Dienstreise in Indien verunglückt.
[. . .] *(S. 1)*
Wie flüssiges Silber glitzerte das Wasser des Sees. Weit hatten sich die weißen Segel des schnittigen Bootes gebläht. Wie ein stolzer Schwan glitt es über die kühlen Tiefen.

Petra hatte es sich am Mast bequem gemacht. Frank hatte ihr eine Segelkluft gegeben. Sie sollte sich auf seinem Boot wie zu Hause fühlen.

Der Tag war ein einziger Gesang des Glücks und des Frohsinns. Die beiden jungen Menschen waren sich ihrer Liebe sicher. Sie brauchten keine Worte. Ein Blick, ein verstohlener Händedruck sagte mehr, als viele Worte es tun konnten.

»Petra . . .«

Langsam wandte sie ihren Kopf. Das Aufleuchten in ihren Augen verriet, wie glücklich sie war.

»Ja?«

Frank lachte sie strahlend an.

»Ich glaube, es ist besser, wir fahren zurück!«

Ein Schatten lief über ihr Gesicht.

»Ist es schon so spät?« fragte sie leise. Der junge Mann wies mit seiner Hand gegen Osten, wo sich die Sonne daran machte, hinter dem Horizont zu versinken. Noch einmal leuchtete der Himmel golden auf und tauchte das ganze Land in wunderbaren Schein. Verzaubert schaute Frank auf das junge Mädchen. Wie in einem Strahlenglanz stand sie da, ein Bild aus einer anderen Welt. In ihrer Schönheit und Unschuld schöner und lieblicher als alle Filmstars dieser Erde.

»Mein Liebstes . . .« Leise hatte er es für sich geflüstert. Sie hatte seine Worte nicht verstehen können. Aber sie spürte, wie sehr er sie liebte, wie eine Woge umspülte sie seine Liebe. Eine plötzliche Böe ließ die Segel knattern. Gefährlich neigte sich das Boot, die weißen Segel schienen das Wasser zu berühren. Petra schrie erschrocken auf. Mit beiden Händen klammerte sie sich an den Mast und starrte aus großen Augen auf Frank. Der aber lachte nur hell auf. Mit einer geschmeidigen Bewegung riß er das Ruder herum. Sacht richtete sich das Boot wieder auf. In einem eleganten Bogen jagte es dem nahen Land entgegen. Die grauen Augen des Jungen waren gespannt. Jetzt kam es auf jede Bewegung an. Der Landungssteg kam immer näher. Petra zitterte innerlich vor Aufregung. Sie schlug die Hände vor den Mund, um nicht aufzuschreien. Jeden Moment mußten sie gegen den Steg laufen und ihn rammen. Jetzt!

Aber wieder machte Frank nur eine Bewegung. Leicht lief das Boot neben dem Landungssteg einher. Die Segel fielen in sich zusammen, der Anker rasselte ins Wasser und sie hatten ihr Ziel erreicht. Mit einem Lächeln sah der Mann hoch.

»Angst gehabt, Petra?«

Beschämt senkte sie den Kopf und nickte.

»Es sah aber auch gefährlich aus«, meinte sie leise. »Ich dachte schon, wir würden den Steg rammen.«

Frank war bereits an Land gesprungen. Mit einigen wenigen Griffen hatte er alles festgezurrt, dann reichte er Petra seine Hand.

Auch sie wollte an Land springen. Aber die zu weite Hose behinderte sie. Fast wäre sie gestolpert, Frank fing sie im letzten Augenblick auf. Ihr zarter Körper lag in seinen Armen. Petra hatte die Augen geschlossen. Sie wagte nicht, sich zu rühren.

Frank spürte, wie ihm das Herz bis zum Hals schlug. Er fühlte ihr Erschauern, sah, wie sich der Ausdruck ihres Gesichtes veränderte, auf unbeschreibliche Art und Weise weich wurde. Ihre Finger strichen über den Stoff seiner Jacke. Sie roch den herben Duft von Wasser und Wind, sah das feste Kinn, den willensstarken, vollippigen Mund, das Blitzen der weißen Zähne . . .

Ich darf nicht höher schauen, durchfuhr es sie. Darüber waren ja seine Augen, diese grauen zwingenden Augen.

»Warum siehst du mich nicht an, mein Herz?« fragte er voll Zärtlichkeit. Unendlich behutsam hob er ihr Köpfchen empor. Seine Hand lag unter ihrem Kinn. Wie weich ihr Haar ist, wie Flaum von kleinen Küken. Langsam hob sie die durchscheinenden Lider. Ihre Augen trafen sich und ruhten ineinander.

Ein Leuchten überlief sein Gesicht. Liebe, reine, unschuldige Liebe hatte er in ihrem Blick gelesen. Schrankenloses Vertrauen leuchtete ihm aus ihren Augensternen entgegen. »Petra«, flüsterte er erschüttert. Innig streichelte er ihr Haar, liebkoste die Wangen. Petra rührte sich nicht. Nur das zärtliche Lächeln war ihre Antwort. Er beugte seinen Kopf. Immer näher kamen seine Augen, schienen ins Unendliche zu wachsen. Seine vollen Lippen öffneten sich leicht.

Angst erfüllte sie plötzlich. Sie wurde steif. Sie reckte sich auf. Die Erinnerung an den furchtbaren Morgen drohte sie zu ersticken.

Die Hilflosigkeit und Angst in ihren Augen rührte ihn zutiefst. Seine beiden Hände umschlossen ihr Gesicht und durchforschten es.

»Du brauchst keine Angst zu haben, mein Lieb. Vergiß, was gewesen ist. Es ist verschwunden, untergegangen in unserer Liebe. Niemand kann dich verletzen, mein Herz . . .«

Und dann legten sich seine Lippen voll Zärtlichkeit auf ihren Mund. Ein nie gekanntes Gefühl der Seligkeit erfüllte ihn bis in die letzten Tiefen seines Seins. Eine einzelne Träne rann ihre Wange herunter, als er sich sanft von ihr löste. »Du weinst, mein Lieb?«, kam seine Stimme.

Ihre Hände umfaßten ihn. Voll Liebe preßte sie sich an ihn. Wie Glockenton klang ihre Stimme durch den stillen Abend. »Ich bin so glücklich, Frank. So glücklich . . .«

Und wieder nahm er sie in seine Arme. Seine Lippen suchten ihren Mund und küßten ihn, küßten ihn immer wieder. »Ich liebe dich, Petra«, jubelte er. »Ich liebe dich, ich liebe dich. Ich kann es dir gar nicht oft genug sagen.« Sein Blick streichelte ihr Gesicht, seine Stimme erstarb zu einem Flüstern. »Ich liebe dich . . .«

Und alle Bedenken, alle Zweifel fielen von ihr ab. Nie gekannte Glückseligkeit erfüllte sie. Wo waren die Schatten der Vergangenheit, wo Unlust und Zweifel? Zerstoben unter seinen Küssen, verweht in der Wahrhaftigkeit seiner Liebe.

Noch einmal schmiegten sie sich aneinander. Licht umflutete sie und legte einen Schein von Gold um sie. Selbst die Allmutter Natur schien sich vor ihrer Liebe zu verneigen. Im nahen Gebüsch begann eine Nachtigall ihr zärtliches Lied von der Liebe . . .

[. . .] *(S. 9/10)*

Ein Roman für mitfühlende Herzen

Du bist

der Mann meiner Schwester

Von Annelie Weiden

»Würdest du bitte die Freundlichkeit haben und für einen Augenblick die Zeitung aus der Hand legen, mein Lieber?« Unmutig blickte Gräfin Scheldern den Gatten an. »Überhaupt: du weißt sehr wohl, daß ich es nicht leiden kann, wenn du am Frühstückstisch liest. Aber das läßt dich ja völlig kalt. Offen gesagt, habe ich beinahe das Gefühl, als bereitete es dir heimliche Freude, mich zu ärgern. Sonst würdest du dir diese üble Angewohnheit sicherlich längst abgewöhnt haben.«

»Meine liebe Justine, hast du sonst noch Vorwürfe gegen deinen Mann vorzubringen?« Um die Mundwinkel des großen stattlichen Mannes lag spöttisches Lächeln, während auf seiner hohen, Klugheit verratenden Stirn eine tiefe Falte offenbar wurde. »Ich habe mir während meiner Ehe mit dir ein dickes Fell zugelegt«, fuhr er fort. »Sonst könnte ich nämlich das Leben an deiner Seite kaum ertragen.«

Nein, man konnte nun wirklich nicht sagen, daß die Ehe mit Justine von Birkenhof dem Grafen Scheldern Glück gebracht hätte. Ganz im Gegenteil. Schon so manches Mal hatte er den Tag heimlich verflucht, an dem er mit ihr vor den Traualtar getreten war. Dabei hatte ihn jeder, der Justine kannte, gewarnt. Aber er hatte nicht hören wollen, hatte sich von ihrer makellosen Schönheit blenden lassen. Doch wie bald schon hatte er, aufs tiefste enttäuscht, erkennen müssen, daß er Talmi für Edelstein angesehen. Die himmelhochjauchzende Liebe, die er für sie empfunden, war längst erkaltet.

Das einzig Schöne, das ihm die Ehe mit Justine von Birkenhof, der Tochter einer völlig verarmten Familie, eingebracht hatte, war sein Töchterchen Verena, an der er mit inniger Liebe hing. Justine, die Mutter der Kleinen jedoch, kümmerte sich herzlich wenig um das entzückende Kind. [. . .] *(S. 3)*

»Du bist ja völlig übergeschnappt. Als ob du nicht wüßtest, daß ich dich liebe, Christian.« Ein heißer, flammender Blick traf den Gatten. Sie wußte, daß sie den Grafen, wenn sie wollte, um den Finger wickeln konnte. Und sie mußte ihn unbedingt davon abhalten, die »Fledermaus-Bar« zu besuchen. Um jeden Preis mußte ihr das gelingen.

Ihre Hand griff erneut in das Zigarettenkästchen. Mit aufreizendem Lächeln ließ sie sich Feuer reichen.

»Du mußt mir glauben, Christian.«

»Gib dir keine Mühe, meine Liebe, ich weiß genau, was ich von dir zu halten habe.« Graf Christian bedachte die Frau mit einem frostigen Blick. Vielleicht zum erstenmal in seinem Leben sah er, daß ihre schimmernden Augen kalt und seelenlos waren. Er erschauerte förmlich. Plötzlich verspürte er eine eigentümliche Leere in sich. Und er hatte beinahe das Gefühl, als hätte sich die Liebe, die ihn einst zu der schönen Justine von Birkenhof hingezogen, in Verachtung verwandelt. Wie konnte aber eine Frau und Mutter auch nur auf Putz und Vergnügen aus sein? Zu spät erkannte er, daß die Sorge seiner Mutter – sie wäre nicht die richtige Frau für ihn, damals, als er um Justine freite – zu Recht bestand. Heute sah er die bedrückend schöne Frau in einem ganz anderen Licht. Jedenfalls nicht mehr durch die rosarote Brille der Liebe. [. . .] *(S. 6)*

»Ich habe mir unter der Frau, mit der ich mein Leben teile, etwas anderes vorgestellt, liebe Justine«, lächelte Graf Christian kalt.

»Ach, was du nicht sagst, mein Lieber?! Und darf man wissen, wie das holdselige Wesen, das dir in deinen Träumen vorschwebt, beschaffen sein muß?« Ein spöttisches Lächeln kräuselte die Lippen der schönen Gräfin Scheldern.

»Vor allem müßte sie ein anschmieghaftes Wesen haben und in der Ehe nicht unbedingt die Hosen anhaben wollen«, kam es ernst von den Lippen des Mannes.

»Mit anderen Worten also: Ich will dein Herr sein! . . . wenn ich dich recht verstanden habe. So etwas findest du heute im Zeitalter der Gleichberechtigung wohl kaum noch. Auf der Suche nach einer Frau, wie sie dir vorschwebt, hättest du ein paar Jährchen früher auf der Bildfläche erscheinen müssen. Dann hättest du gewiß eine gefunden, die sich am Gängelband führen läßt. Eine Frau, die keinen eigenen Willen besitzt.« Schallend lachte sie auf. »Nach solch seltenem Blümlein suchst du heutzutage vergeblich.«

Justines Mundwinkel bogen sich spöttisch nach unten. »Eins sollst du jedoch wissen, Christian: Ich lasse mich nicht einfach beiseite drängen!« Mit einer hastigen Gebärde legte sie den Kopf stolz in den Nacken. »Und bestell deiner geliebten Mama, sie möchte es doch endlich aufgeben, Zwietracht zwischen uns zu säen.« Ihre Hände zupften nervös an der zarten Spitze ihres Taschentuches.

»Am besten gebe ich dir darauf gar keine Antwort. Nur eines möchte ich noch einmal erwähnen: Ich vertrage es grundsätzlich nicht, von einer Frau zum Gespött gemacht zu werden. Außerdem verbiete ich dir ein für allemal, an diesen Orgien, die bei der Vanetta gefeiert werden, teilzunehmen. Ich hoffe, das war deutlich genug. Und du tust gut daran, dich künftig danach zu richten«, stieß er rauh hervor.

»Du siehst mich sprachlos, Christian! Was ist nur in dich gefahren? Was ist denn dabei, wenn eine Frau das Bedürfnis hat, sich von der Langeweile, die ein Ehealltag mit sich bringt, zu erholen?« Justine von Scheldern wußte, wie sie das Herz des Gatten rühren konnte. Sie preßte ihr Taschentuch gegen die Augen, und es dauerte nicht lange, da brachte sie es fertig, ein paar Tränen zu vergießen.

Graf Christian nahm diese Tränen wahr.

Sie weint, dachte er, womöglich ist doch alles, was man mir berichtet hat, ein wenig übertrieben. Auf jeden Fall, so nahm er sich vor, will ich mich selbst davon überzeugen, was an der Sache dran ist. Bei der nächstbesten Gelegenheit würde er der »Fledermaus-Bar« einen Besuch abstatten.

In seinem Herzen stieg plötzlich eine weiche Regung auf. Sein Blick wurde zärtlich, war nicht mehr so hart.

Justine war eine sehr gute Beobachterin. Um keinen Preis wollte sie ihre Ehe aufs Spiel setzen. Ich muß ihn versöhnen, dachte sie.

»Weshalb streiten wir uns eigentlich, Liebster? Schließlich sind wir doch nun einmal Mann und Frau und haben ein Kind miteinander«, kam es von ihren Lippen. Justine lehnte sich in ihrem Sessel zurück und blinzelte Graf Christian verliebt an. Dabei schwebte ein Lächeln auf den schönen weichen Lippen, das ihm das Blut rascher durch die Adern fließen ließ. Er spürte, daß es gar nicht so einfach war, dem Charme dieser Frau zu widerstehen.

»Ich liebe dich, Christian, das solltest du eigentlich wissen. Ein Leben ohne dich könnte ich mir gar nicht mehr vorstellen. Leider hast du viel zu wenig Zeit für mich«, kam es im Flüsterton von den Lippen der verführerischen Frau. Wie magnetisch angezo-

gen haftete der Blick des Mannes auf den zarten Ansätzen ihrer Brüste, die das großzügig ausgeschnittene Sommerkleid freigab. Ihre Haut war wundervoll gebräunt und samtweich. Ihr blauschwarzes Haar fiel duftig gewellt auf die gutgeformten Schultern herab. Die schöne Justine sah die aufflammende Leidenschaft in den Augen ihres Mannes, und plötzlich sehnte sie sich nach seiner Umarmung.

Sie sprang auf und warf sich in die starken Arme des Gatten. Der Duft ihrer Haut brachte sein Blut in Wallung. In ihren dunklen Augen lag heißes Flimmern. »Manchmal bist du wirklich nicht zu genießen, alter Brummbär«, flüsterte Justine und preßte ihren Körper verführerisch gegen ihn. »Ich liebe dich!« Heiß streifte ihr Atem sein Gesicht. Und der volle sinnliche Mund näherte sich dem seinen. Sie ist eine Frau, der ein Mann nur schwerlich widerstehen kann, dachte Graf Christian.

»Nimm mich ganz fest in die Arme, Liebster«, raunte Justine ihm mit verhaltener Leidenschaft ins Ohr. In ihren Augen glitzerte es verführerisch. Und Justine von Scheldern wollte verführen. Sie war sich bewußt, daß es ihr gelingen mußte, das Mißtrauen des Gatten zu zerstören. Und wie es schien, war es ihr auch gelungen. Jedenfalls fürs erste einmal, denn Graf Christian riß Justine in seine Arme. Sein Mund legte sich in heißer Glut auf den ihren, während seine bebenden Hände ihr duftendes Haar streichelten.

Er sah nicht das triumphierende Lächeln auf den Lippen seiner Frau. [. . .] *(S. 8/9)*

Leni Behrend

Müde gekämpft

Eine Ehe zwischen Haß und Liebe

Die Schreie wurden immer verzweifelter, immer tiefer kamen sie aus qualzerrissenem Herzen. Die Augen des gepeinigten jungen Weibes erstarrten vor Schmerz und Grauen.

Wie lange sollte das noch so weitergehen: War es denn immer, immer noch nicht genug? Die schmerzverdunkelten Augen hingen an dem ernsten Antlitz des Arztes – bettelnd, flehend, hilfeheischend. Schon so viele Stunden hatte er sie vertröstet, auf den sie ihre ganze Hoffnung gesetzt.

Jetzt zog der Arzt die Uhr, sah kühl und geschäftsmäßig darauf nieder. Allein das Zittern seiner Hand verriet, daß er nicht so ruhig war, wie er scheinen wollte. Als er sich langsam der Schwester zuwandte, erschien Graf Wildenried im Zimmer. Er trat an das Bett der Gattin, so ruhig und gleichmütig, als wäre er von Sorge unberührt.

»Nun, Herr Doktor?« fragte der Mann. Als abermals ein qualvoller Schrei die Stille durchriß, hastete der Graf aus dem Zimmer. Der Arzt folgte ihm.

»Herr Graf, lange kann es unmöglich so weitergehen. Die Kräfte der Frau Gräfin sind aufs äußerste erschöpft.«

»Was nun?«

»Ich muß zur Operation schreiten. Allein – der Fall ist sehr schwierig. Ich weiß nicht, ob das Kind zu retten sein wird.« *(S. 1)*

Helen Jungs Liebe

Roman um das aufregende Schicksal
eines gefährdeten jungen
Mädchens von
Hedwig Courths-Mahler

»Mein inniggeliebter Papsi!
Wir haben uns nicht lange in Paris
aufgehalten, Mrs. Lee und ich, denn
ich wollte doch nun endlich Deutschland erreichen und mich in Deinem
Vaterland umsehen. Paris sehe ich ja
dann später auf der Rückreise mit Dir.
Es bleibt doch dabei, Herzenspapsi,
daß wir dich Anfang August in Genua
erwarten können? Bis dahin sind noch
gut zwei Monate, und ich will sehr viel
sehen bis zu diesem Zeitpunkt, und
natürlich auch lernen. Du sollst schon
sehen, daß Deine Helen alles gut und
recht macht. Brauchst gar keine Angst
um mich zu haben. Ich weiß ja, daß
Du mich nicht gern allein fortgelassen
hast. Obwohl ich drüben ganz selb-
ständig auftreten durfte, bekamst Du es
doch mit der Angst, als ich Dir mitteil-
te, daß ich schon ein Vierteljahr vor
Dir nach Europa reisen wollte. Mit
einem Mal wurdest Du wieder ganz
deutsch und wolltest Deine Helen am
liebsten in Watte wickeln. Aber ich
habe außer von meinem geliebten
Papsi auch von meiner Mutter allerhand geerbt, und sie war doch eine
smarte Amerikanerin und hat mich so
erzogen, daß ich immer und überall
weiß, wie ich mich benehmen muß,
auch ohne meinen Papsi. Ich habe

mich darein gefügt, daß Du mir Mrs.
Lee mit auf die Reise gabst, aber –
nicht weil ich eine sogenannte An-
standsdame brauche. Ich hätte auch
ohne sie meinen Reiseplan ausführen
können, aber, ganz offen und ehrlich,
geliebter Papsi, ich hatte in der Haupt-
sache vor, Mrs. Lee aus Deiner Nähe
zu entfernen. [. . .]
Bist du nun sehr böse, Papsi? Nein,
ich weiß, im Grunde magst Du sie so
wenig wie ich, abgesehen davon, daß
sie eine sehr tüchtige und elegante Re-
präsentantin unseres Hauses ist, die
uns alle Sorge und Mühe um den
Haushalt abnimmt. Aber darauf soll
sie sich beschränken. Doch das genügt
ihr nicht, sie will Herrin Deines Hauses werden. Eigentlich müßte man sie
in ihre Enttäuschung hineinlaufen lassen, und ich glaube, es wäre sehr lustig, ihr Gesicht zu sehen, wenn sie
erfährt, wie die Dinge liegen, aber –
mein Papsi ist mir zu gut für so etwas,
er soll um keinen Preis diese Frau
heiraten, denn sie würde ihn unglück-
lich machen. Ganz gewiß, Papsi. Du
mußt nicht denken, daß ich so selbst-
süchtig bin, überhaupt keine Stiefmut-
ter zu wollen. Du bist mit Deinen fünfzig Jahren noch ein so rüstiger und –

nicht eitel werden – interessanter Mann, daß Du sehr wohl noch eine Frau glücklich machen und von einer Frau beglückt werden kannst, aber diese Frau darf nicht Mrs. Jane Lee sein; die ist mir nicht gut genug. Wir werden gemeinsam nach einer anderen Frau für Dich suchen, Papsi.

So, nun weißt Du alles, und nun sei so gut und schicke mir ein Telegramm nach Berlin, wo ich im Hotel Adlon untergebracht bin. Ich gedenke einige Wochen in Berlin zu bleiben und von hier aus einige Abstecher durch Deutschland zu machen, ehe ich durch die Schweiz nach Italien weiterreise.

Denke Dir, Berlin wirkt auf mich großartiger als Paris, es ist eine wunderschöne Stadt. Also bitte, geliebter Papsi – ein Telegramm, daß Du nicht böse bist

Deiner Dich herzlich liebenden Helen.« [. . .] (S. 3/4)

Arglos lieferte der Boy Mrs. Lee den Brief aus, denn er wußte, daß die beiden Damen zusammengehörten.

Mrs. Lee begab sich nun in ihr Zimmer. Sooft sie es einrichten konnte, nahm sie in alle Briefe Einsicht, die ihre junge Herrin fortschickte, und wenn möglich auch in die, die Helen bekam. Es war also nicht das erstemal, daß sie das Briefgeheimnis Helens verletzte, wie sie auch schon drüben in New York nach Möglichkeit die Post eingesehen hatte. Mit gefurchter Stirn öffnete sie behutsam das Kuvert. Sie zog den Brief heraus und begann zu lesen. Je weiter sie kam, um so mehr verzerrte sich ihr Gesicht.

Ja, Mrs. Lee hatte wirklich schon seit langem die Absicht, sich Mr. Jungs Gunst zu erringen, und sie rechnete unbedingt darauf, daß er sie heiratete. Sie wußte auch, daß ihr das gelingen würde, denn Mr. Jung war dem weiblichen Geschlecht gegenüber ziemlich hilflos. Aber es war ihr auch nicht entgangen, daß sie in Helen eine harte Widersacherin gefunden hatte. Aber Mrs. Lee war nicht so leicht von einem Ziel abzubringen. Ganz abgesehen davon, daß sich ihre noch sehr wachen Sinne für Mr. Jung entflammt hatten, wollte sie auch die Herrin seines Hauses und seines riesigen Vermögens werden. Daran wollte sie sich ganz gewiß durch Helen nicht hindern lassen. Und je mehr sie spürte, daß Helen ihre Gegnerin war, um so mehr wurde das junge Mädchen ihr verhaßt. Sie mußte leider vorläufig all ihren Groll mit einem liebenswürdigen Lächeln hinunterschlucken, aber sie gelobte sich, wenn sie ihr Ziel erreicht haben würde, alles zu tun, um Helen aus dem Herzen und dem Haus ihres Vaters zu drängen. Dann wollte sie Vergeltung üben.

Daß Helen ganz genau über ihre Gefühle orientiert war, ging aus dem Inhalt ihres Briefes an den Vater hervor, und wenige Minuten später war Mrs. Lee auch darüber im Bild, wie Helen zu ihr stand. Aber das beschäftigte sie jetzt nicht so sehr wie der übrige Inhalt des Briefes. Ganz blaß und ratlos sah die ränkevolle Frau auf den Brief herab, aus dem sie so plötzlich erfuhr, daß nicht Mr. Jung der Erbe seiner Frau und somit ein sehr reicher Mann war, sondern daß er nur bis zu Helens Mündigkeit die Nutznießung an dem Vermögen hatte. Erreichte Helen also ihre Mündigkeit, was ja in knapp einem Jahr geschehen würde, dann war ihr Vater ebenso nur von ihrer Gnade abhängig, wie sie selber es war.

Wütend warf sie den Brief auf den Tisch. Daß sie von Helen durchschaut war, als sei sie von Glas, ärgerte sie maßlos, und ihr Haß grub sich noch tiefer in ihre Seele. Wie lächerlich es diesem jungen Ding erschienen war, wenn sie zur Sparsamkeit ermahnt wurde von ihr! Freilich, es war ja auch lächerlich, wie die Dinge lagen. Aber natürlich durfte sie in Zukunft diese Bemühungen, sie zur Sparsamkeit anzuhalten, nicht fallen lassen, damit Helen nicht etwa daraus schließen konnte, daß sie diesen Brief gelesen hatte. Keine Ahnung durfte sie haben, daß sie nun alles wußte.

Denn Mrs. Lee dachte auch nach Einsicht in diesen Brief nicht daran, ihre Jagd nach der Gunst Mr. Jungs aufzugeben. Erstens war sie wirklich in ihn verliebt, und dann – konnte man denn wissen, ob Helen Jung so lange lebte, bis sie mündig war? Bei diesem Gedanken sprühte es gefährlich in den kalten, sinnlichen Augen der Frau auf. Sie sah in diesem Moment aus wie ein Raubtier auf der Lauer. Ja, Helen war doch jetzt monatelang mit ihr auf der Reise. Und sie war oft sehr unbesonnen und waghalsig; wie leicht konnte ihr etwas zustoßen! Zumal – wenn man da ein bißchen nachhelfen würde? [. . .] *(S. 6)*

»Ja, sie sind auch mein ganzer Besitz, lieber Vater.«

Helen berichtete lachend, wie sie die Perlen in Ralphs Wagen entdeckt hatte. Mr. Jung schüttelte seinen Schwiegersohn an den Schultern.

»Und da verschenkt der Junge einfach sein ganzes Vermögen? Das ist Leichtsinn, da müßte ich eigentlich meine Einwilligung zurücknehmen«, scherzte er. »O nein, Papsi, ich habe die Perlen von ihm verlangt.«

»Dann allerdings; was die Frau will, will Gott.«

Glückselig saß das Brautpaar mit dem Vater zusammen und besprach alles Nötige mit ihm. Mr. Jung setzte den Hochzeitstermin auf die ersten Tage nach ihrer Rückkehr in New York fest. Bis dahin würde ein Vierteljahr vergehen, und Ralph mußte sich darein fügen. Er tat es um so leichter, da er sich bis dahin nicht einen Tag von Helen zu trennen brauchte.

Und es war eine wundervolle Reise voller Seligkeiten, voll von allem Zauber junger Liebe. Noch einmal wurde ein leiser Schatten auf ihr Glück geworfen, als sie in Paris die Kunde bekamen, daß Mrs. Lee gestorben war. Aber man mußte der Unglücklichen die friedliche Ruhe des Todes gönnen.

Sonst verlief die Brautzeit des jungen Paares wie ein einziger Glückstag. Das Reiseprogramm wurde genau eingehalten, und Ralph konnte Herbert Karsten Helen als seine Braut vorstellen, als sie für kurze Zeit wieder im Adlon in Berlin wohnten.

Am 3. November fand die Hochzeit des jungen Paares in New York statt, und man merkte beiden an, daß echte, wahre Liebe sie zusammengeführt hatte.

ENDE

Dr. Holl und die Sängerin

Todkrank suchte sie Zuflucht bei ihm

Ein Bastei-Arzt-Roman von Katrin Kastell

»Also, dann bleibt uns wohl nichts weiter übrig, als die Berling-Klinik am Donnerstag zu schließen«, sagte Dr. Holl. Hetty Rose, Röschen genannt, sah ihren Chef entgeistert an. »Wegen der Ölkrise?« fragte sie bestürzt.

»Dann würde ich wahrhaftig nicht mehr lachen«, sagte Dr. Stefan Holl.

»Habe nicht bemerkt, daß Sie lachen«, sagte Röschen.

»Dann schauen Sie mich doch zur Abwechslung auch mal wieder an«, fuhr er neckend fort. »Sie haben wohl gar nichts für mich übrig, Röschen?«

»Sie werden genug angehimmelt«, sagte sie. »Diese Frau Langen hat mir wieder den letzten Nerv getötet. Alles, aber auch alles wollte sie über den feschen Dr. Holl erfahren. Manchmal kann man wirklich zuviel kriegen, was sich diese Frauen so einbilden. Was fehlt ihr denn eigentlich, weil sie dauernd kommt?«

»Ein Mann«, erwiderte Dr. Holl gut gelaunt.

»Da ist sie bei Ihnen ja an der richtigen Adresse«, spottete Röschen.

»Freilich. Wir sind doch auch für die Psyche zuständig. Was meinen Sie, wieviel Frauenkrankheiten durch ein gestörtes Seelenleben entstehen?«

»Nach Freud durch ein gestörtes Sexualleben«, witzelte Röschen.

Dr. Holl klopfte ihr auf die Schulter. »Sie haben bei uns schon allerhand gelernt, Röschen.«

»Sagen wir es mal so, gewußt habe ich es schon, nur geniert habe ich mich, darüber zu reden. Sie haben mich enthemmt.«

Röschen ging mittlerweile auf die Fünfzig zu, war immer noch hübsch und appetitlich, bereits doppelte Großmama, und obgleich früh verwitwet, war bei ihr von einem gestörten Seelenleben nichts zu bemerken.

[. . .] *(S. 3)*

Vom Vaterhof gewiesen

von Hanni Birkmoser

Über den Alpengipfeln spannte sich ein seidigblauer Himmel. Der Firn glänzte silbrig im Schein der matten Novembersonne. In den Talgründen aber wallten die Nebel. Die Felsenschroffen des Prunnerkogels galten als gutes Gemsenrevier. Von den Graten hatte der Wind den ersten Schnee hinweggefegt, der jetzt nur noch in den Spalten und Schluchten lag. An einer moosigen Stelle saß der fünfzigjährige Jagdpächter Clemens Erlbruck auf einer Zeltplane und freute sich an dem flinken Kletterspiel der Gemsen. Es war Paarungszeit, und aus diesem Grunde war das Gewehr daheim im Waffenschrank geblieben. Es kam dem Jagdpächter jetzt vor allem darauf an, herauszufinden, wieviel Jungböcke in den Rudeln standen, die man nach dem Ablauf der Schonzeit herausschießen konnte. Anfang des Winters standen die Tiere im besten Fleisch. Eine Stunde noch wollte der Jagd-

pächter in seinem Gamsrevier verweilen, danach würde ihn die hereinbrechende Dämmerung zur Kammerling-Alm hinabtreiben, wo er sich vor Jahren eine Jagdhütte bauen ließ. Sobald es dunkel wurde, hätten sich ohnehin die Gamsrudel in das Latschendickicht verzogen, um darin die Nacht zu verbringen.

Eben wollte sich Clemens Erlbruck erheben, um seine Zeltbahn zusammenzurollen, als in einigen hundert Metern Entfernung ein Schuß aufpeitschte.

Erschrocken fuhr der Jagdpächter zusammen. Zugleich stieg ihm die Zornesröte ins Gesicht.

»Der vermaledeite Wilddieb!« entfuhr es ihm. »Net mal die Schonzeit achtet er. Wenn ich den erwisch, dann hat er ausgewildert heroben!«

Vorsichtig, in gebückter Haltung, schlich Clemens Erlbruck nach jenem Plateau, über dem er ein zartes blaues Rauchwölkchen hatte aufsteigen sehen. Er wußte, daß sich dahin vor ein paar Stunden die jungen Böcke verzogen hatten, als ein alter Brunftbock in das größte Rudel eingebrochen war.

Nach mühsamer Kletterei erreichte der Jagdpächter endlich die Hochfläche. Sie fiel nach drei Seiten hin gleich steil ab. Aus Erfahrung wußte Clemens Erlbruck, daß der in seinem Revier hausende Wilderer stets die Abenddämmerung abwartete, ehe er seine Beute davontrug. Ein Zeichen dafür, daß er sich hier am Prunnerkogel sehr gut auskannte.

Hinter einer Felssäule stehend, lugte Clemens Erlbruck in die Runde. Minuten nur noch, dann würde eine sich bewegende menschliche Gestalt lediglich wie ein Schemen zu erkennen sein.

Und endlich war es soweit: Keine zwanzig Schritte von dem Beobachter entfernt, löste sich ein Mann aus dem Sichtschutz einer Kaminspalte und ging zum Rand des Plateaus, wo der von seiner Kugel getroffene Gamsbock lag. Als er sich zu diesem niederbeugte und seinen Stutzen auf den Boden legte, ließ der Jagdpächter alle gebotene Vorsicht außer acht und stürmte über die felsige Hochfläche.

»Hab ich dich endlich, du Wildräuber!« schrie er heiser vor Wut und wollte sich auf den anderen stürzen. Der indessen wich gewandt zurück, griff schnell nach dem doppelläufigen Gewehr und riß es hoch.

Ein greulicher Fluch, ein Schrei des Jägers, dann packte Clemens Erlbruck kurzerhand das Gewehr des Wilderers am Lauf, um es ihm zu entreißen.

Zu spät erkannte er den Fehler, den er in seiner Erregung gemachte hatte: Mit voller Wucht stieß der Wilddieb ihn zum Rand des Abgrundes hin. In seiner Todesangst packte Clemens Erlbruck den Stutzen nur noch fester, um einen Halt zu haben.

Doch der rechte Fuß des Jägers fand schon keinen Halt mehr über dem Abgrund, und dann flammte das Mündungsfeuer der Waffe dicht vor ihm auf. Die Kugel fuhr ihm in die Brust. Rücklings stürzte Clemens Erlbruck in die Tiefe. Als letztes verspürte er in seinen Händen den heißgewordenen Lauf des Gewehres.

Auf dem Plateau blieb der Wilderer ein paar Sekunden reglos stehen. »Das hat er davon, der Dummkopf«, murmelte er verächtlich. »Nur gut ist's, daß der Depp, der g'scherte, mir net mehr in den Weg laufen kann. Jetzt hab' ich freie Bahn im Revier. . .«

Clemens Erlbruck überlebt den Sturz in die Tiefe, kann jedoch den Wilddieb nicht erkennen. Der Verdacht fällt auf Reimund Zanden, dessen Gewehr der Wilderer gestohlen und benutzt hat. Die Schwester Ursel dient auf dem Riesbachhof; der Jungbauer Anselm Feiler verliebt sich in die hübsche Magd, die aber als Schwester eines angeblichen Mörders während der Abwesenheit Anselms vom Altbauern entlassen wird. Nach verschiedenen Intrigen verläßt auch Anselm nach einer Auseinandersetzung mit dem Vater den Hof, sucht und findet Ursel, die er, von der Unschuld ihres Bruders überzeugt, heiratet. Inzwischen hat der Wilddieb wieder zugeschlagen und tötet den Forstadjunkt Rolf Perlitz. Der Verdacht fällt nun erst recht auf Reimund, der nun in die Berge verschwindet und den Mörder auf eigene Faust jagen will. Seine Braut Leni sucht ihn im Gebirge, stößt zufällig auf den Wilderer, der sie beinah vergewaltigt und tötet. Doch Reimund ist zur Stelle und rettet sie. Es gelingt ihm, den Mörder-Wilderer zur Strecke zu bringen – (siehe den Schluß!). Der Altbauer hat inzwischen einen lebensgefährlichen Sturz erlitten, Anselm

und Ursel kehren auf den Hof zurück,
versöhnen sich mit ihm und pflegen
ihn.

Die Rauchschwaden waren von Waldarbeitern gesehen und die Schüsse gehört worden. Als sie herbeieilten – an der Spitze der Vormann Sillein –, sahen sie Reimund ein paar Schritte vor dem Jägermörder stehen und das Gewehr schußbereit in seinen Händen halten. Diese Vorsicht erwies sich bald schon als richtig; denn in der Tasche des Wilderers steckte eine geladene Pistole.

Am liebsten wären die Waldarbeiter über den verwundeten Jägermörder hergefallen, um ihn zu lynchen. Doch Reimund wies sie zurück. Er gebot, den Verbrecher zu verbinden, eine Trage aus Zweigen herzurichten und ihn ins Dorf zu schaffen.

»Wir brauchen sein Geständnis«, hatte Reimund dazu gesagt.

Auf der Dorfstraße liefen zwei Stunden danach die Menschen zusammen, als sie den Zug der Waldarbeiter nahen sahen, angeführt von Reimund. Man trug den Verwundeten ins Spritzenhaus. Aus Kufstein war unterdessen schon der Kriminal-Amtmann Minzheimer gekommen, der Reimund mit Dankesworten herzlich beide Hände drückte.

Ignaz Bolz starrte den Beamten aus seinen tiefliegenden schwarzen Augen finster an.

»Nun kriegen Sie mich doch. . .«, murrte er. »Aber nur für kurze Zeit. Mich hat der Teufel schon am Kragen. Ich fühl's in der Brust. Was soll ich gestehen? Ich war halt ein Wilderer. Und der junge Jäger trägt selber die Schuld, wenn er net richtig treffen kann.«

»Wie haben Sie es geschafft, Bolz, daß an Ihrer Stelle Ihr Zwillingsbruder Daniel ins Zuchthaus kam?«

Ein Grinsen verzerrte das Gesicht des Verbrechers.

»Damals hab ich euch schön hereingelegt, wie? Nach dem Urteil im Gerichtssaal führte man mich über die Flure, in denen viele Menschen standen und mich angafften. Da bin ich den beiden Wärtern ausgerissen. Zweimal um die Ecken – und Daniel stand griffbereit. Durch einen Kassiber hatte ich ihn hinbestellt. Im gleichen grauen Zivilanzug. Daniel wollte nicht mehr ins Irrenhaus zurück, und der Winter stand grad vor der Tür . . .«

»So einfach also ist das!« entfuhr es Minzheimer.

Ignaz Bolz lachte dazu. Es war ein böses, heiseres Lachen, vom nahenden Tod gedämpft. Und die Umstehenden, die dieses Lachen hörten, empfanden ein Grauen.

»Fort mit ihm!« sagte Reimund grimmig, der durch den Wilderer am meisten gelitten und mit seiner Schwester zusammen Schimpf und Schande hatte erfahren müssen. Als er über die Straße hinweg zum Gasthaus ging, machten ihm die Menschen freiwillig Platz, und manch einer von den Männern klopfte ihm anerkennend auf die Schulter.

Reimund aber sah nur zwei blanke Augen hinter dem Fenster der Gaststube. Auf diese Augen lief er zu. Wie zwei Sterne sollten sie nur für ihn leuchten, ein ganzes herrliches Leben lang.

ENDE

Wer mein Papi wird, bestimme ich!

Ein bezaubernder Roman
von ALIZA KORTEN

»Da bist du ja, Gero«, sagte Karin erleichtert, als der kleine Bursche aus dem Bus stieg.

»Meinst du, ich wäre in den falschen Bus gestiegen, Mami? Ich komme doch bald in die Schule. Die Nummer elf kann ich prima lesen.«

Karin Idris, medizinisch-technische Assistentin an der Städtischen Klinik umarmte ihr Söhnchen und nahm seine Hand.

»Hast du dich gewaschen?« fragte sie und betrachtete seine verschmierten Knie mit einem heimlichen Seufzer.

»Gesicht und Hände. Ich habe doch erst gestern abend gebadet.«

»Als ob du nicht jeden Abend in die Wanne müßtest«, lachte Karin. »Trotzdem wird Dr. Hausmann sehr wahrscheinlich denken, daß wir dich nur zu Weihnachten waschen, wenn er dich so sieht.«

»Aber das frische Hemd hab' ich an-gezogen, wie du gesagt hast«, verteidigte sich der kleine Gero mannhaft.

»Es lag ja unübersehbar da. Hast du auch die Wohnung wieder richtig zugeschlossen?«

»Klar. Hier ist der Schlüssel.« Er angelte den an einem langen Band befestigten Schlüssel aus seiner Tasche und übergab ihn seiner Mutter.

»Fein, Gero. Ich danke dir.«

Sie erreichten den Haupteingang der Klinik. Der Pförtner nickte Karin zu.

»Sie wollen zu Herrn Dr. Hausmann mit Ihrem Sohn, Frau Idris, nicht wahr?«

»Ja. Aber zuerst muß ich sehen, ob ich bei Schwester Luise für zehn Minuten mit ihm ins Bad gehen darf.«

»Gesunde Jungen sind nun mal schmutzig«, schmunzelte der Pförtner und blinzelte Gero zu.

Karin fand die Stationsschwester der Kinderstation und durfte ihren Filius in einem der Badezimmer säubern. Es stand ihr dabei noch eine kleine Überraschung bevor. Denn Gero hatte zwar, aus dem Kindergarten kommend, zu Hause ein frisches Hemd übergezogen, das vom eifrigen Spiel im Sandkasten arg mitgenommene vom Morgen jedoch daruntergelassen.

»Hör mal, warum hast du denn das schmutzige Hemd nicht ausgezogen?« fragte Karin und bemühte sich, ernst zu bleiben.

Gero hob die Schultern. »Vergessen, Mami. Ist das so wichtig?«

Karin stellte ihren hoffnungsvollen Sprößling unter die warme Dusche und kleidete ihn danach ordentlich an. Das schmutzige Hemd packte sie ein. »So, jetzt brauche ich mich nicht zu genieren, wenn der Doktor dich untersucht.«

»Tut es weh?« fragte Gero ein bißchen ängstlich. »Ich hatte nicht sehr viel Lust zu kommen. Aber Gertrud vom Kindergarten hat mich einfach in ihrem Auto mitgenommen und zu Hause abgesetzt. Sie ist sogar mit mir die Treppe hinaufgekommen und hat aufgepaßt, ob ich die Tür aufkriege. Als ob ich ein Baby wäre, das keine Tür aufschließen kann!«

»Gertrud hat es gut gemeint, Gero. Ich bin ihr sehr dankbar, daß sie gut auf dich achtgegeben hat.«

Sie führte Gero zum Wartezimmer. An der Tür stand sein voller Name: Oberarzt Dr. med. Herbert Hausmann, Kinderarzt.

»Warum soll ich eigentlich zum Doktor?«

»Wegen der Schule, Gero. Alle Kinder werden untersucht, ehe sie in die Schule kommen. Ich möchte von Herrn Dr. Hausmann wissen, ob du groß und kräftig genug für die Schule bist.«

»Na schön.« Gero fragte nicht weiter, und Karin war froh darüber. Es standen ihr verschiedene Entscheidungen bevor. Doch sie hingen davon ab, ob Gero von dem tüchtigen Kinderarzt für gesund und schulreif erklärt wurde. Sonst – wenn er um ein Jahr zurückgestellt werden sollte, konnte das Leben zunächst so weitergehen wie bisher. Denn der Kindergarten behielt die Kinder berufstätiger Mütter ganztägig und versorgte sie auch mit Mittagessen und Vesper.

Sie brauchten nicht lange zu warten. Dr. Hausmann, dunkel, elegant und liebenswürdig, bat Mutter und Söhnchen zu sich herein. Er unterhielt sich zunächst mit der blonden Karin, die ihren weißen Kittel trug und dem Oberarzt gegenüber betont höflich auftrat, weil er in gewisser Weise einer ihrer Vorgesetzten war.

Nach einer Weile mußte Gero sich auskleiden und wurde einer gründlichen Untersuchung unterzogen, an die sich auch ein paar geschickt angebrachte Testfragen anschlossen, bei denen der Junge gar nicht bemerkte, daß sie eine besondere Bedeutung hatten.

»Alles in Ordnung. Blutbild und so weiter müssen wir noch machen. Ich schreibe eben auf, was ich für richtig halte, liebe Frau Karin. Doch ich verspreche Ihnen nicht zuviel, wenn ich Ihnen schon jetzt sage, daß Gero gesund und geistig absolut schulreif ist.«

Karin nickte. »Eigentlich habe ich es nicht anders erwartet«, sagte sie leise.

»Darf ich morgen noch einmal zu Ihnen kommen, um das endgültige Ergebnis zu besprechen?«

»Selbstverständlich, Frau Karin. Gern. Sagen wir, gegen vierzehn Uhr.«

»Danke, Herr Oberarzt.«

Karin half Gero, sich wieder anzuziehen. Dann verabschiedeten sie sich von dem Arzt. Sie führte Gero in ein leeres Zimmer. »Nachher hole ich dich für ein paar Blutpröbchen ins Labor. Bis dahin mußt du hier warten.«[. . .] *(S. 3/4)*

Spätabends läutete das Telefon.

Wolfgang Berner hatte eben die Runde beendet und wollte in seine kleine Wohnung hinaufsteigen. Er nahm den Hörer am Apparat in seinem Büro auf.

»Ich bin es – Karin!« Ihre Stimme klang atemlos, als sei sie schnell gelaufen.

»Was ist?«

»Ich wollte dir nur sagen, daß ich dich liebe, Wolfgang. Auf der Heimfahrt und während ich hier in meiner Wohnung nachgedacht habe, ist es mir endlich klar geworden, daß Gero recht hat, tausendmal recht. Ich war eifersüchtig, weil der dich liebte! Vom ersten Tag an war ich so eifersüchtig, daß es mir weh tat.«

»Zwischen welchen beiden Männern mußtest du wählen, Karin? Ich sollte das nicht fragen. Doch ich möchte es wissen. Du machst mich wahnsinnig glücklich.«

»Ich erkläre es dir am Heiligen Abend, Wolfgang. Der andere ist Geros Vater. Ich wollte ihn und das Kind allein besitzen und nicht einmal meinem Kind erlauben, einen anderen Vater zu lieben. Jetzt ist das vorüber. Ich kann dich lieben, und ich weiß, daß ich meinem kleinen Jungen dieses Glück danke – und dir, mein lieber, geliebter Wolfgang.«

»Ich bin in einer halben Stunde bei dir, Karin. So geht dieser Abend nicht zu Ende. Am Telefon kann man sich solche Dinge nicht sagen. Darf ich?«

»Ich wäre enttäuscht gewesen, wenn du nicht gefragt hättest. Ich werde zwar morgen früh sehr müde sein, aber so glücklich, daß ich es nicht spüren werde. Ich warte auf dich.«

Als Wolfgang Berner und Karin in die Kirche schritten, bildete die ganze Schule Spalier. Gero ging zwischen ihnen, und Annegret durfte mit zwei anderen Mädchen Blumen streuen. Osterglocken, Hyazinthen und Krokusse blühten auf den Wiesen im Park des Palais Lustig, und die Kinder hatten schulfrei.

Melanie Berner schloß Karin fest in die Arme und küßte sie. »Du machst mich nicht weniger glücklich als meinen Sohn, liebste Karin«, sagte sie, nachdem die heilige Handlung am Altar vorüber war. »Ich habe nun eine Tochter und auch schon einen Enkel. Damit gehen meine Wünsche schneller in Erfüllung, als ich je zu hoffen gewagt hätte. Ich danke dir, daß du ihn genommen hast, meinen Wolfgang.«

»Aber wir lieben uns, Mutter«, erwiderte Karin schlicht.

»Außerdem braucht man einen Papi«, fügte Gero hinzu, der unmöglich länger schweigen konnte.

–ENDE–

Gisela de Fries

Das Laster kam im Schafspelz

Es gibt sie immer noch, die schmuddeligen Hinterhöfe, das Klo auf der Treppe und kein Bad in engen Wohnungen. Hier ist nichts hell und licht und klar. Hier wachsen keine Bäume und keine Blumen. Es gibt sie immer noch, die kleinen Familien, die gerade so am Rande der sozialen Welt leben – nicht ganz abgerutscht, aber kurz davor. Die nur den Tag kennen und keine Liebe, sich um alles und jedes zanken und nur Neid kennen. Die auch kein Verständnis füreinander haben und froh sind, wenn die Kinder endlich das Haus verlassen. Ja, solche Häuser, solche Familien gibt es noch genug in Berlin. Man braucht nur in das Kreuzviertel zu gehen. Und jetzt bevölkern auch noch Ausländer dieses Viertel, und alles ist anders. Aber die deutschen Familien, die noch dort wohnen, haben sich nicht geändert. Sie leben weiter, so wie bisher: zänkisch und wütend. Das Leben, der Kampf und das Geld haben sie vielleicht so werden lassen. Vielleicht waren sie früher in ihrer Jugend auch einmal anders, hatten Ideale, Träume und sahen ein schönes Leben vor sich. Sabine Matz konnte sich nicht vorstellen, daß ihre Eltern schon immer

so gewesen waren. Das gab es doch einfach nicht! Irgendwie war ihnen das Leben einfach aus den Händen gerutscht.

Obwohl sie oft genug am eigenen Leib erfahren mußte, daß nur Härte das Leben hier erträglich machte, brachte sie es einfach nicht über sich. Die Nachbarn munkelten schon und meinten grinsend: »Die ist doch bestimmt ein fremdes Vögelchen, die paßt doch gar nicht zu euch. Los, Anita, nun erzähl schon mal deine Jugendsünden. Die ist doch bestimmt nicht von deinem Alten! Brauchst dich nicht zu genieren, das kennen wir doch alles. Mann, wir waren doch auch mal jung. Also, wie war das denn damals?«

Anita Matz, Sabines Mutter, konnte dann ganz schön sauer werden und schrie dann im Treppenhaus herum, man solle sich um seinen eigenen Dreck kümmern – und überhaupt, was ginge die anderen ihr Familienleben an. Dann schlug sie mit einem lauten Krach die Tür zu und war so wütend, daß der erste, der ihr dann begegnete, eine Kopfnuß bekam – ob er sie nun verdient hatte oder nicht. Anita hatte fünf Kinder in die Welt gesetzt. Zuerst den Fritz, der jetzt

siebzehn Jahre alt war und Auto-
schlosser werden wollte. Wegen Faul-
heit hatte er schon dreimal seine
Lehrstelle verloren. Ja, und die zweite war Sabine. Sie war wirklich anders, auch schon äußerlich. Die anderen Geschwister wirkten mit ihren
dunkelblonden oder braunen Haaren
ziemlich farblos. Aber Sabine hatte
seidiges, schwarzes Haar und ein zartes Gesicht mit sanften, braunen Augen. Man konnte sie kleiden, wie man
wollte, sie sah immer irgendwie
adrett und nett aus. Und dann hatte
sie auch einen intelligenten Gesichts-
ausdruck, was man von ihren Ge-
schwistern wirklich nicht behaupten
konnte. Sie hatten alle die Sonder-
schule besucht. Aber Sabine lernte
wirklich gut. Damals hatte die Lehrerin der Mutter vorgeschlagen, das
Mädchen auf die höhere Schule zu
geben.
»Sie hat wirklich das Zeug dafür, und
sie lernt so leicht. Das kommt selten
vor, Frau Matz. Das müssen Sie mir
glauben. Und der Staat bezahlt doch
alles. Also, warum sollen wir ihr den
Weg in eine bessere Zukunft nicht
ebnen?«
Sabine war der Liebling der Mutter.
Sie war nie aufsässig, immer sanft und
gefügig. Als die Lehrerin damals bei
ihnen gewesen war, war sie schon
halb entschlossen, das Mädchen tatsächlich auf eine höhere Schule zu
schicken, obwohl sie vor diesem Gedanken mächtig erschrak. Aber dann
war Adolf, ihr Mann, nach Hause
gekommen – müde und verschwitzt.
Er war Kraftwagenfahrer – ein schwerer Job. Sein Leben hielt er nur aus,
wenn er trank. Und so kam auch nie

genug Geld in die Haushaltskasse.
Als er jetzt die vornehme Dame in
seiner Behausung antraf, und dann
auch noch hörte, daß die Göre zu
etwas Höherem bestimmt war, da
wurde er sauer.
»Wat denn, wat denn – ist das schon
nicht mehr genug? Sie geht doch auf
die Schule, die anderen sind doch zu
bekloppt dazu. Und jetzt soll sie aufs
Gymnasium? Ja, gute Frau, meinen
Sie denn, ich scheffel den ganzen Tag
Geld statt Kohlen? Wie stellen Sie
sich das nur vor? Nee, nee, das
kommt nicht in Frage, soll das Ding
auch noch hochnäsig werden? Das
kenn ich: Die Eltern schuften sich für
so ein Wurm ab, und wenn es dann
oben steht, dann rümpft es die Nase
und will von den Alten nichts mehr
wissen. Nee, das hab ich alles schon
erlebt. Die bleibt da, wo sie ist,
basta!«
Die Lehrerin hatte noch so sehr reden
können, der Vater hatte nichts davon
wissen wollen.
»Klar doch!« stänkerte er los. »Natürlich bezahlen die jetzt die Schule –
klar doch, hab ich sogar mitbekom-
men! Was aber ist, wenn sie mit den
feinen Mädchen in einer Bank sitzt?
Nee, so fein können wir sie nicht an-
ziehen. Und überhaupt, kommt nicht
in Frage, sie soll gleich nach der Schule verdienen gehen. Ich hab keine
Lust, noch mehr Geld in das Balg zu
stecken! Eine gute Lehre, und damit
basta«
Sabine wäre damals gern zur Höheren Schule gegangen. Sie lernte für
ihr Leben gern – vielleicht kam es
auch daher, weil es in der Schule ruhig und nett zuging. Sie fühlte sich

dort geborgen. Da wurde man nicht angeklefft, grundlos geschlagen und gepufft. Da war alles schön, und man konnte träumen. Dort konnte man auch viele Bücher lesen, was sie zu Hause auch nicht konnte.

Die Lehrer wunderten sich, wieso sie so gute Noten brachte, wo sie doch fast nie die Hausaufgaben gemacht hatte. Man bestrafte sie schon lange nicht mehr. Wer die Verhältnisse kannte, der wußte, daß Sabine, als ältestes Mädchen, sich sofort, wenn sie von der Schule nach Hause kam, um den Haushalt und die Geschwister kümmern mußte. [. . .] *(S. 1–3)*

Der Mann hatte sogar Mitleid mit ihr. Sie sah auch wirklich nicht wie diese kleinen verkommenen Dirnen aus.

»Hör mal, wenn du wirklich keine Dirne sein willst, dann geb ich dir einen Rat: Geh sofort nach Hause und mach das nie mehr, hörst du? Denn wer einmal auf dem Strich steht, der kommt nicht mehr davon los. Der bleibt es dann sein Leben lang. So viele haben schon gedacht: Ich verdien mir ein paar Mark dabei, es ist ja so leicht. Und ehe sie sich versahen, waren sie ne Dirne mit Strichkarte. Und wenn du erst mal bei den Behörden registriert bist, dann bist du es für alle Zeiten. Du bist dann für dein Leben gezeichnet.«

»Ist das wahr?« stammelte sie.

»Ja, du kannst mir glauben. Ich komme viel herum und kenne die Dirnen in München, Hamburg und Köln und weiß der Teufel, wo noch. Aber überall ist es das gleiche Gesetz, das eine Rolle spielt.«

»Aber es soll doch auch Studentinnen geben, die sich so ihr Studium verdienen!«

»Ja, sie waren mal Studentinnen, aber jetzt sind sie Huren, meine Kleine. Wer hat dir das überhaupt gesagt?«

»Mein Freund!«

Er sah sie groß an. »Willst du mir damit sagen, daß dein Freund weiß, daß du hier stehst?«

»Er hat mich doch hierher gebracht. Wir befinden uns doch in Geldschwierigkeiten, und da soll ich es verdienen.«

»Dein Freund hatte also die grandiose Idee! Das ist ja eine schöne Schweinerei! Ich will dir mal was sagen: Wenn du ihn nachher wiedersiehst, dann spuck ihm ins Gesicht. Es ist das Gemeinste, was man nur verlangen kann, sein Mädchen für Geld auf den Strich zu schicken. Was will sich der Jonny denn dafür kaufen?«

Sabine war so verzweifelt, und sie brauchte einfach einen Menschen, um sich mal aussprechen zu können. Fritz war ja nicht da, und der Mann hier hatte doch Mitleid mit ihr. Und so erzählte sie ihm alles.

»Und du glaubst also, er liebt dich wirklich? Hast du eine Ahnung! Und ich geb dir noch einen Rat: Geh sofort nach Hause, triff dich nie mehr mit ihm, hörst du? Denn wenn du es jetzt nicht tust, dann wirst du eine Dirne bleiben. Da wird zuerst für das Auto verdient, und dann heißt es: Ach, das war ja so leicht verdientes Geld, jetzt kannst du doch noch ein paar Nächte stehen, und dann kaufen wir uns Klamotten, und weiß der Teufel, was noch alles.« [. . .] *(S. 35)*

Reite – oder morgen bist du tot!

Kid Laredo

Vom Kampf der Siedler mit den Weidehaien

Als Matt Dolan das Haus verließ und auf die Straße trat, um wie jeden Morgen in sein Büro zu gehen, spürte er die Feindseligkeit in der Stadt stärker als je zuvor.

Ein Rechtsanwalt galt ohnehin nicht viel in der Grenzsiedlung Bannack, im Staate Idaho, an der Karawanenstraße zum eben erschlossenen Territorium von Oregon.

Matt Dolan hatte sich an diese Tatsache gewöhnen müssen, seit er vor vierzehn Tagen in das gottverlassene Nest gekommen war.

Aber diesmal schien es ernst zu werden. Das war nicht mehr Gleichgültigkeit, sondern blanker Haß, der Dolan entgegenschlug.

Die Leute in Bannack dachten wie Slim Cameron, der Rinderkönig, und der schien zu dem Schluß gekommen zu sein, daß es in dieser Stadt einen Mann zuviel gab.

Die übelsten seiner rauhen Weidereiter hatten sich auf der Main Street eingefunden, um dem Rechtsanwalt die Augen zu öffnen. Möglicherweise waren sie auch auf das Gegenteil aus. Jedenfalls bildeten sie ein Spalier vor dem Holzgebäude, in dem Dolan seine Praxis eingerichtet hatte. Sie rauchten und plauderten und kümmerten sich wenig um den einsamen Mann, der langsam näher kam.

Matt Dolan war dreiunddreißig Jahre alt und gut sechs Fuß groß. Er trug einen taubengrauen Anzug aus feinstem englischem Tuch, eine stahlblaue Schleife zu weißem Hemd und hochhackige Stiefel aus weichem braunem Leder. Unter seinem Hut – einem Bricktop, dessen Ränder mit viel Mühe aufgewölbt worden waren – quoll rotblondes Haar hervor, das die Ohren völlig bedeckte.

Matt Dolan unterschied sich so vollkommen von all den rauhen Burschen in buntgewürfelten Mackinaw-Hemden und Lederwesten. Schaffelljakken und groben Drillichhosen, daß er allein dadurch das Mißfallen jedes Cowboys erregen mußte. Hinzu kam, daß er sich beharrlich weigerte, eine Waffe zu tragen.

Keine sechs Schritte trennten ihn von seinen Feinden.

Matt Dolan beherrschte sich meisterhaft. Er verbarg seine Angst. Entschlossen schritt er durch die schmale Gasse, die die Männer ihm ließen.

Kein Wort fiel.

Dann stieß jemand Dolan den Hut vom Kopf.

Der Rechtsanwalt bückte sich danach. Die Bürger hielten sich wohlweislich zurück. Bannack und alles Land, so weit das Auge reichte, gehörten Slim Cameron. Wem das Leben lieb war, der stellte sich nicht gegen diesen Mann und seine rauhbeinige Crew, die ihm blind ergeben war.

Als nächstes traf Matt Dolan ein fürchterlicher Tritt ins Gesäß. Er schoß nach vorn, ohne die Mauer, gebildet von den harten Leibern der Männer, merklich ins Wanken zu bringen.

Ein wildes Johlen schlug ihm entgegen. Er wurde zurückgestoßen. Die Gegenseite ging sofort auf das Spiel ein. Dolan flog hin und her wie ein Gummiball.

Matt Dolan klammerte sich an Bill Master fest.

»Mann«, keuchte der Rechtsanwalt, »wenn Sie Mut haben, pfeifen Sie Ihre Meute zurück und probieren es allein.«

»Wozu?« fragte der Vormann gleichgültig. »Du verlierst sowieso, Dolan. Heute lernst du deine Lektion! Verlaß dich drauf!«

Masters geballte Faust schoß, ansatzlos aus der Hüfte geschlagen, schräg nach oben und krachte unter Dolans Kinnlade.

Der Rechtsanwalt kippte hintenüber und wurde aufgefangen. Irgend jemand half ihm wieder in die Senkrechte. Leicht angeschlagen, mit glasigen Augen, schwankte Dolan hin und her.

Das Rudel brüllte vor Vergnügen.

Dolan leckte seine Lippen und spürte den süßlichen Geschmack von Blut. Er wischte sich mit dem Handrücken über den Mund.

»Na, hast du immer noch Lust, Dolan?« feixte Master, der seinen Widersacher um Haupteslänge überragte.

Stumm sprang Dolan nach vorn, um in die grinsende Fratze zu schlagen. Master machte sich nicht einmal die Mühe abzudecken. Offen wie ein Scheunentor erwartete er den Gegner, pendelte dessen unbeherrschten Hieb aus und langte einmal kurz hin. Master erwischte den Rechtsanwalt voll auf der Brust. Es dröhnte hohl. Dolan spürte einen stechenden Schmerz in den Lungen. Er hustete, krächzte.

Die Bande schlug sich vor Vergnügen auf die Schenkel. Sie bildete einen

weiten Kreis um die beiden Streit-
hähne.

»Gib ihm Saures, Bill«, hetzte Chug
Baxter.

Mit funkelnden Augen beobachtete
der baumlange Cowboy, dessen Körper kein Gramm Fett zuviel besaß,
wie der Rechtsanwalt erneut angriff,
planlos, wütend, ungeschickt.

Der Vormann nutzte seine größere
Reichweite. Er setzte Dolan die Lin-
ke pfeilgerade auf die Nase und zog
die Führungshand auch nicht wieder
zurück, sondern stemmte sich gegen
den Rechtsanwalt, der pausenlos um
sich keilte, durch den gestreckten
Arm auf Distanz gehalten. Natürlich
konnte er durch seine Aktionen Master nicht gefährden, sondern schlug
allerhand Löcher in die Luft.

Der schwergewichtige Vormann
spielte Katz und Maus mit Dolan.

Das Bild reizte die Zuschauer zu neu-
en Lachsalven.

Dolan schüttelte den Kopf, ging etwas zurück und löste sich von Master.
Als er wieder vorwärtsmarschierte,
fing ihn der Cowboy mit einer klat-
schenden Rechten ab. Dolans Kopf
flog in den Nacken. Er ging abermals
zu Boden.

Diesmal dauerte es etwas länger, bis
Dolan das Gleichgewicht wiederfand.
Auf steifen Beinen umrundete er seinen Kontrahenten, wohl wissend, daß
er nicht mehr viele Treffer von diesem Kaliber kassieren durfte, wenn er
über die Runden kommen wollte.

Aber er war kein Mann der Faust.
Seine Rechte zischte harmlos an Masters Ohr vorbei. Der Vormann tän-
zelte leichtfüßig herum, nahm gelassen ein paar Schläge in den eisenhar-

ten Magen entgegen, und gerade als
Dolan glaubte, er sei aus dem Schneider, schickte ihn Master wieder auf
die Verliererstraße.

Mit zwei schnellen Schritten ging Master in den Gegner und schoß eine
Breitseite ab. Er schlug eine Links-
Rechts-Kombination in die Körper-
partien und zog jeden Schlag blitzschnell nach oben zum ungeschützten
Kinn seines Widersachers.

Dolans Kopf flog hin und her. Er
stolperte und ging in die Knie. Mit
zusammengebissenen Zähnen rappel-
te er sich hoch.

Niemand lachte mehr.

Beherzt ging Matt Dolan nach vorn.
Der Vormann schien wütend zu werden. Seine Fäuste explodierten in Dolans Gesicht, dessen linkes Auge sich
langsam schloß. Aber der Rechtsanwalt grinste schief und kämpfte wie
ein Terrier.

Diesmal gelang es ihm, Master emp-
findlich auf der Nase zu treffen. Un-
gläubig schnaufte der Vormann. Als
er ausatmete, spritzte Blut auf seine
Hemdbrust.

Masters Gesicht verzerrte sich vor
Wut.

Dolan flog unter einer Serie schwerer
Schläge hin und her, als sei er in einen
Tornado geraten. Der rasende Weidereiter trieb seinen Kontrahenten
vor sich her, nagelte ihn an einer
Hauswand fest und nahm ihn syste-
matisch auseinander.

Dolan bollerte immer wieder mit dem
Schädel gegen die Holzbohlen und
schloß ergeben die Augen, weil ihm
schwindelig wurde.

Bill Master keuchte. Er kam langsam
in Schweiß. Er wußte nicht, woher

der Rechtsanwalt die Kraft nahm. [. . .] *(S. 3–5)*

Ärgerlich wandte sich der ehemalige Vormann wieder seinem Gegner zu. Langsam baute sich Master auf. Zuschauer wichen aus. Sie legten Wert darauf, nicht gerade in der Schußlinie zu stehen.

Master fixierte den Rechtsanwalt. Haß glomm in seinen düsteren Augen. Alles war so glatt gelaufen, bis dieser alberne Winkeladvokat aufgetaucht war. Bill Master glaubte förmlich ein Recht darauf zu haben, Matt Dolan zu töten. Dieser Mann hatte ihm alles zerstört.

Jetzt aber hatte der ehemalige Vormann nichts mehr zu verlieren. Er stand mit dem Rücken zur Wand. Nur ein Sieg in diesem Duell konnte seinen ramponierten Ruf wieder aufpolieren. Die Welt anerkannte nur den Erfolg, ohne die Mittel zu beachten, die dorthin geführt hatten. Bill Master wußte, daß er das Steuer nur herumreißen konnte, wenn er Matt Dolan in die Knie zwang.

»Eigentlich bist du kein Gegner für mich, Advokat«, feixte Master. Seine Rechte schwebte über dem Halfter. Seine Augen waren schmal wie Schlitze.

»Warum redest du soviel?« konterte Matt Dolan. »Hast du Angst? Zieh, wenn du kein Feigling bist. Diese Chance räume ich dir nicht zweimal ein, du Brandstifter!«

Die Worte des Rechtsanwaltes fielen in die Stille wie Regentropfen auf ein Blech. Die Zuschauer wagten kaum zu atmen. Die Spannung zerrte an ihren Nerven.

In diesem Augenblick bemerkte Matt Dolan, wie einer der Cowboys aus Bill Masters Begleitung unendlich langsam die Hand zum 45er brachte. Verstohlen wie ein Taschendieb drehte er das Futteral so, daß die Mündung seiner Waffe auf den Rechtsanwalt zielte. Offenbar wollte der Schurke im gleichen Augenblick feuern wie sein Herr Meister, um sicherzustellen, daß Dolan das Duell nicht überlebte.

Niemand beachtete die Episode, weil jeder auf die Hauptkämpfer starrte, die jede Sekunde loslegen mußten.

Matt Dolans Rechte flitzte zur Waffe.

Zwei Schüsse klangen wie einer.

Der Cowboy, vier Schritte hinter dem ehemaligen Vormann, erstarrte mitten in der Bewegung, riß den Stecher seines Colts durch, dessen Lauf aus der unten abgeschnittenen Pistolentasche ragte, und schoß. Die Kugel bohrte sich zwei Yard vor seinen Fußspitzen in den Boden. Der Mann brach zusammen, kegelte mit schlenkernden Armen herum und blieb liegen. Bauch nach oben. Auf seinem Mackinaw-Hemd prangte in der Herzgegend ein roter Fleck, der sich sehr schnell vergrößerte.

Bill Master hatte zwar reagiert, als der Rechtsanwalt blitzschnell zog, aber er erwies sich als ein paar Klassen schlechter.

Matt Dolan brachte ungehindert seine Doublette ins Ziel, erwischte zuerst den Heckenschützen und dann Bill Master, der die Waffe nur halb aus der Halfter brachte.

Mit schmerzverzerrtem Gesicht machte Bill Master ein paar Schritte vorwärts, unsicher, torkelnd wie ein Betrunkener. Seine Augen weiteten sich in namenlosem Entsetzen. Dann knickten die Beine ein.

Bill Master fiel flach aufs Gesicht.

Die Kugel hatte ihn genau zwischen den Augen erwischt.

Gewarnt durch die hinterlistige Aktion Dirk Nutkins, blieb Matt Dolan auf der Hut, ließ sich nicht irritieren durch die spitzen, aufgeregten Schreie der Zuschauer und das Triumphgeheul in seinem Rücken, das Ray Gordon und seine Leute ausstießen.

Tatsächlich gab sich der Gegner noch nicht geschlagen.

Ken Douglas, Bob Skirmish und Gus Mailer langten gleichzeitig nach ihren Waffen. Die Bewegungen liefen zugleich ab. Drei Fäuste umklammerten drei Kolben. Drei 45er wirbelten aus den Halftern. Drei Mündungen glotzten drohend auf den Rechtsanwalt, der einsam und allein zwischen den Fronten stand.

Geistesgegenwärtig ließ sich Matt Dolan fallen, während er gleichzeitig schoß, sich wie eine Katze zur Seite rollte, noch während des Überschlags den Gegner nicht aus dem Visier ließ und abermals abdrückte, zweimal kurz hintereinander.

Ihm blieb gerade noch eine einzige Patrone, ehe der Hammer ins Leere schlagen mußte. Aber er brauchte die Kugel nicht mehr.

Als sich der Pulverdampf verzog – das Mündungsfeuer hatte das Gras versengt –, sah Matt Dolan vier Gestalten regungslos auf der Erde liegen.

Langsam richtete sich Matt Dolan auf, wie betäubt.

Sein Gesicht verzog sich. Mit einer Gebärde des Abscheus schleuderte er den rauchenden Colt von sich.

»Du bist der Größte«, jubelte Titus Stormer, der zu Dolan gelaufen war, und schlug ihm die Pranke auf die Schulter. »So etwas habe ich noch nicht gesehen. Du könntest sie alle schlagen. Du wärest Nummer eins an der Grenze, wenn du dich entschließen könntest, eine Waffe ständig zu tragen!«

»Ich bin Rechtsanwalt«, keuchte Matt Dolan. »Ich bin der Überzeugung, daß es grundsätzlich kein Problem gibt, das zwei Menschen nicht in einem vernünftigen Gespräch lösen können. Leute, die sinnlos herumballern, gibt es genug. Ich will nicht zu ihnen gehören. Aber ich warne jeden davor, zu glauben, ich könnte nicht mit einer Waffe umgehen, bloß weil ich keine trage.«

In diesem Augenblick rannte Helen Cameron quer über den Platz und flog Matt Dolan in die Arme. Er stützte sich schwer auf sie, während sie hinübergingen in die kleine Wirtschaft, die Tee und Kaffee ausschenkte und einem Quäker gehörte, der Alkohol verabscheute, es ablehnte, an diesem Zeug zu verdienen.

»Wenn ich es nicht anders gesehen hätte, würde ich ihn für einen Milchsäufer halten, jemanden, der keine Hosen trägt und sich von jedermann herumkommandieren läßt«, meinte Ray Gordon, der dem Paar aufmerksam nachschaute. »Aber er hat Format. Und er hat es bewiesen.«

ENDE

Perry Rhodan
der Erbe des Universums

Perry Rhodan — die größte Science-Fiction-Serie der Welt

Nr. 637

Der Fremde von Catron

von Hans Kneifel

Auf Terra und den anderen Menschheitswelten schreibt man Ende November des Jahres 3457. Das Spiel, das die beiden Geisteswesen ES und sein Gegenpart Anit-ES seit einiger Zeit um die Zukunft und die Bestimmung der Menschheit spielen, geht weiter.

Nach Abwehr der PAD-Gefahr hat Anti-ES, der verschworene Gegner der Menschheit, einen neuen gefährlichen Zug gemacht.

Von allen in seiner Umgebung unbemerkt, wurde Perry Rhodans Gehirn durch ein Androiden-Gehirn ersetzt. Das echte Rhodan-Gehirn hingegen wurde in die fremde Galaxis Naupaum versetzt und landete auf dem Markt der Gehirne, wo man es in einen Bordin-Körper verpflanzte. Anschließend wurde der Terraner in gefährliche Konflikte verstrickt, die um des Überlebens willen einen zweimaligen Körpertausch erforderlich machten. Sogar Torytrae, der gefürchtete Ceynach-Jäger, der bisher noch jedes Opfer zur Strecke gebracht hat, wurde auf Rhodans Spur angesetzt.

Doch der Gejagte verstand es, den Jäger von seinem Tötungsvorhaben abzubringen und sich dessen Dankbarkeit zu versichern, die in einem Hinweis für Rhodans Suche nach der Position der heimatlichen Galaxis seinen Niederschlag fand.

Aber der Terraner kann diesem Hinweis nicht lange nachgehen. Er muß zugunsten seines Freundes Heltamosch eingreifen, dem das Amt als rechtmäßiger Nachfolger des verstorbenen Raytscha von Naupaum streitig gemacht wird.

Perry Rhodan verwirklicht einen kühnen Plan, um Heltamosch zu seinem Recht zu verhelfen. Der Terraner tritt auf als DER FREMDE VON CATRON . . . *(S. 5)*

PERRY-RHODAN-LEXIKON

Folge 356

Perry Rhodan bringt in jedem Heft eine Seite Perry-Rhodan-Lexikon in nicht alphabetischer Reihenfolge. Die Begriffe, die mit * versehen sind, werden oder wurden an anderer Stelle erklärt.

Tschirmayner, die – (der Tschirmayner, des Tschirmayners, die Tschirmayner, Adj. tschirmaynisch); ein galaktisches Volk, hervorgegangen aus den Arkoniden, das auf Tschirmayn* lebte, dem dritten Planeten im System der Sonne Ortrog-Samut* (Kugelsternhaufen M-13).
Bei den T.n. handelte es sich um Arkoniden, die durch ein vor Lordadmiral Atlan veranlaßtes Gen-Steuerungsprogramm aus der langjährigen Degeneration herausgeführt wurden und sich im Verlauf der weiteren Generationen wieder zu klardenkenden, schaffensfreudigen, hochintelligenten Neu-Arkoniden entwickelten. Dieser Arkonidentyp glich wieder jenen Vorfahren, die vor fünfundzwanzigtausend Jahren lebten und von denen Atlan abstammt.
Nach dem Verschlagen in das »Sekundäre-Parallel-Universum« suchten Perry Rhodan und Atlan dieses System im Jahre 3456 gültiger Standardzeit auf, um dort in ihrer Notlage Unterstützung zu finden, auf die sie infolge der Vorgeschichte dieses Volkes hoffen konnten.
Die negativen Charaktere Rhodan II und Atlan II hegten den gleichen Plan, jedoch mit verabscheuungswürdigen Hintergedanken. Ihr Eintreffen erfolgte vor Rhodans und Atlans Ankunft, so daß sie Gelegenheit hatten, unter Vortäuschung falscher Tatsachen auf dem Planeten zu landen, die internen Einrichtungen auszukundschaften und für die positiven Terraner und Atlan I eine Falle zu stellen.
Perry Rhodan I durchschaute die Situation jedoch rechtzeitig und ergriff die Initiative. Rhodan II verlor die Nerven und verriet sich dadurch gegenüber den T.n. Sie erkannten augenblicklich den Betrug. Für die T. gab es jedoch nun keine Rettung mehr. Sie suchten zwar noch nach Fluchtmöglichkeiten, wurden aber von der Flotte des Negativ-Großadministrators gnadenlos angegriffen und vernichtet.
Ihre Heimatwelt verging mit seinen Bewohnern in der Glut explodierender Transformbomben. Die beiden Monde des Planeten wurden zerrissen. Zwei Nachbarplaneten verwandelten sich in glühende Sonnen, desgleichen sämtliche Stützpunkte der Neu-Arkoniden im Ortrog-Samut-System.
Darüber hinaus ließ Rhodan II anschließend das gesamte System restlos vernichten. Die Sonne explodierte und entwickelte sich zu einer Supernova. Ihre Planeten vergingen im atomaren Feuersturm. *(S. 65)*

Günter B.

Ich möchte Ihnen mit diesem Brief meine Meinung zu dem Zeitparadoxon in Band 620 (Perry Rhodan) aufzeigen. Meiner Meinung nach kann dieses Paradoxon nicht ausgeführt werden, da

1. wenn Perry Rhodan I seinen Parallelbruder mit eigenen Händen umbringt, die PAD-Seuche nicht ausbricht,

2. woraus folgt, Kol Mimo hat keinen Grund eine Zeitreise anzutreten, da es die PAD-Seuche nicht gibt.

3. Wenn er aber keine Zeitreise unternimmt, wird Perry Rhodan seinen Parallelbruder erschießen,

4. woraus folgt, daß die PAD-Seuche doch wieder ausbricht, und Kol Mimo eine Zeitreise unternimmt.

Dieser ewige Kreislauf dürfte in dem Zyklus zu keiner befriedigenden Lösung führen.
Zu dem Es-Zyklus wäre zu sagen, daß er, wie der Mutantenzyklus, eine wesentliche Verbesserung gegenüber dem Schwarm-Zyklus darstellt.

Bis zum letzten Mann

Der Kampf um Bastogne, den Eckpfeiler der Ardennen-Offensive

Der verzweifelte, blutige Abwehrkampf einer amerikanischen Eliteeinheit im Raum von Bastogne sollte im Dezember 1944 während der letzten deutschen Offensive mit entscheidend für den Ausgang der Schlacht werden. Die Stadt war in jenen Tagen ein strategischer Punkt, auf den die deutsche Führung ihre gesamten Hoffnungen gesetzt hatte. In dem nachfolgenden, dokumentarisch fundierten Erlebnisbericht stehen Angehörige der US-Marins der 101. Fallschirmjägerdivision im Mittelpunkt eines Geschehens, bei dem der Tod eine schaurige Ernte hielt. Ihr Ausharren in einem mörderischen Duell gegen deutsche Panzer- und Grenadierverbände und somit das stille Heldentum der Kämpfer auf beiden Seiten der Front wurde vom Autor vor der Kulisse des historischen Gesamtablaufs in einer Szenenfolge voller Wirklichkeitsnähe zum Ausdruck gebracht.

Die Redaktion

Die Bastion am Atlantik

von Will Hallock

[. . .]

Am 13. September erschienen drei amerikanische Offiziere an der Front im Westabschnitt mit einer weißen Fahne. Sie verlangten als Parlamentäre zum deutschen Festungskommandanten gebracht zu werden. Man verband ihnen die Augen und führte sie in einem beschwerlichen Marsch durch das Trichter- und Trümmerfeld der Stadt. Als sie in Ramckes Bunker ankamen, sah man ihnen die Anstrengungen des Marsches an. Dicke Schweißperlen standen auf ihren Stirnen.

Einer der Amerikaner, ein Stabsoffizier, zeigte eine Vollmacht als Parlamentär, und dann übergab er General Ramcke einen Brief seines Kommandierenden Generals, Troy H. Middleton. Der Brief enthielt in deutscher Sprache die Aufforderung zur Übergabe der Festung in folgendem Wortlaut:

13. September 1944

*An: Generalleutnant Ramcke
       Kommandierender General der
       deutschen Truppen in Brest*
*Von: Kommandierendem   General
       der amerikanischen Truppen
       vor Brest*
Wie immer im Krieg, erreicht die militärische Lage manches Mal einen gewissen Zeitpunkt, wenn ein Kommandant weiteres Blutvergießen und Aufopferung seiner Soldaten nicht rechtfertigen kann.

Mit Ihren Offizieren und Soldaten, die für Sie tapfer gekämpft haben, aber jetzt in Gefangenschaft sind, haben wir die Lage der deutschen Besatzung von Brest besprochen. Alle sind überzeugt, daß die militärische Lage hoffnungslos ist, und daß durch die Verlängerung dieses Kampfes nichts erreicht werden kann. Wir sind daher der Meinung, daß die deutsche Besatzung von Brest keinen zu rechtfertigenden Grund für ein weiteres Aushalten hat.

Ihre Soldaten haben gut gekämpft. Ungefähr 10 000 Mann sind jetzt Kriegsgefangene. Ihre eigenen Verluste kennen Sie. Außerdem ist viel des von Ihnen benötigten Kriegsmaterials ausgefallen, und Ihre Truppen sind in einem kleinen, engen Raum eingekesselt. Sie haben somit Ihre Pflicht Ihrem Vaterland gegenüber voll und ganz erfüllt. Dem Vorhergehenden zufolge ersuchen wir Sie, als Berufssoldat zu einem anderen, diesen ungleichen Kampf einzustellen.

Wir hoffen, daß Sie als alter und verantwortungsvoller Offizier, der ehrenvoll gedient und seine Pflicht hier bereits erfüllt hat, diesem Vorschlag Ihre günstige Berücksichtigung geben werden.
                                    gez.
                        Troy H. Middleton

Während Ramcke und seine Stabsoffiziere das Schreiben lasen, ließ man den Parlamentären Erfrischungen reichen. Man war höflich, aber sonst wurden keine Worte mit ihnen gewechselt. Die Antwort Ramckes war kurz. Sie lautete:

Brest, 13. September 1944

Der Kommandant der Festung Brest
An den Kommandierenden General
des VIII. amerikanischen A. K.
Herrn Generalmajor Troy H. Midd-
              leton
Herr General!
Ihren Vorschlag lehne ich ab.
gez. Ramcke
Generalleutnant
und Kommandant
der Festung Brest

Unter Geleit wurden die Parlamentäre wieder bis zu den amerikanischen
Linien zurückgeführt. [. . .]
Einen oder zwei Tage später schritt
General Ramcke die Front seiner ge-
fangenen, zerlumpten, verwundeten,
geschlagenen Fallschirmjäger ab. Er
hatte Tränen in den Augen.

Er rief ihnen einen letzten Gruß zu:
»Heil, Fallschirmjäger!«
Und aus Tausenden von rauhen Keh-
len antwortete es ihm:
»Heil, Papa Ramcke!«
Er hatte sie in Not und Elend und
Tod geführt. Und doch hielten sie zu
ihm – und doch war er für sie »Papa«
Ramcke geblieben.
Der Kampf um Brest hatte viel Blut
gekostet – amerikanisches, deutsches
und französisches. Und dies war die
Bilanz:
10 000 deutsche Tote
10 000 amerikanische Tote
etwa 2000 französische Tote, darunter der französische Bürgermeister
Eusen
eine nicht genau bekannte Zahl von
Verwundeten, auf deutscher Seite
etwa 20 000 Mann.

ENDE

Heinz Schmidt Eichenlaubträger der Luftwaffe

Das Einsatzleben dieses späteren Hauptmanns, von seinen Kameraden
»Johnny« genannt, stellte eine wahre Odyssee dar. Als Gefreiter flog er
bei der II./JG (Jagdgeschwader) 52 am Kanal und in Rußland. Ab Mai
1943 Staffelkapitän der 6./JG 52, landete er 70 Kilometer hinter den
russischen Linien und traf nach sechs Tagen wieder bei seinem Verband
ein. Im Februar 1943 war er über dem vereisten Asowschen Meer
abgesprungen und kehrte nach zwei Tagen mit einem Pelzstiefel, zer-
schmettertem Schultergelenk und ausgekugeltem rechtem Arm wieder
zurück. Am 5. 9. 1943 wurde er bei Markor (Rußland) vermutlich von
einem ungarischen Jäger irrtümlich abgeschossen und gilt seither als
vermißt. Heinz Schmidt hatte auf 700 Feindflügen 173 Luftsiege errun-
gen. Ritterkreuz am 23. 8. 1942, 124. Eichenlaub am 16. 9. 1942. (Quel-
lennachweis: »Die Ritterkreuzträger der Luftwaffe, Dieter Hoffmann-
Verlag, Mainz, *S. 2)*

Aus: 7. Nemesis: Bis zum letzten Mann

Eigene Gedanken und Fragen zu den Texten:

Notieren Sie hier Gedanken und Fragen, die Ihnen während der Lektüre oder
unmittelbar im Anschluß daran kommen. Auf diese Notizen sollte dann bei der
Bearbeitung der Aufgaben zurückgegriffen werden.

Arbeitsmöglichkeiten

Mit diesem Heft kann man einzeln, aber auch in Gruppen (G) arbeiten. Gelegentlich ist auch Zusammenarbeit mit anderen Unterrichtsfächern (fachübergreifender Unterricht, FÜ) möglich. Die Arbeitsvorschläge können in derselben Reihenfolge angegangen werden, in der sie angeboten sind. Es ist jedoch auch möglich, je nach Interesse (vgl. »Eigene Gedanken und Fragen zum Text«, S. 42) an unterschiedlichen Stellen des Materialien- (M) und Aufgabenangebotes (A) anzusetzen. Zur Erleichterung dieses Vorgehens werden hier mögliche Interessenschwerpunkte genannt, denkbare Fragestellungen aufgezeigt und auf entsprechende Arbeitsvorschläge (A...) verwiesen. Sie sollten jeweils durch selbstformulierte Fragen an den Text ergänzt werden. Aufgaben für eine Beschäftigung, die weiterführt oder vertieft, sind mit einem Sternchen* gekennzeichnet.

Thematische Schwerpunkte	Fragestellungen	Arbeitsvorschläge und Materialien
Personendarstellung und Handlung	Charakter der Helden und Heldinnen; Wahl der Personennamen Handlungsablauf bis zum Happy End Voraussagbarkeit des Handlungsablaufes; Unvorhersehbarkeit der Verwicklungen	$A_4 - A_{11}$, A_{13}, A_{14}, A_{23}
Weltbild und Moral	Soziale Frage Heldentum und Tapferkeit Krieg und Kampf Zukunftsvisionen	$A_{15} - A_{27}$ M_3, M_4

Gestaltung, *Strukturmerkmale*	Anfang und Ende Funktion der Titelseite Kriterien von Trivialität Auswahl der Romanauszüge	$A_1 - A_3$, A_{12}, A_{24}, $A_{28} - A_{33}$ M_2, M_5, M_6
Die Autoren und *ihre Romane*	Hedwig Courths-Mahler Biographische Notizen zu Mario Simmel Anonyme Autoren	A_{34-36} M_7, M_8, M_9
Produktion, *Aufnahme und* *Wirkung*	Abgrenzung und Wertung Wirkung/Leser Auflagenhöhe Werbung	A_{22}, $A_{37} - A_{50}$ M_{10}, M_{11}, M_{12}, M_{13-17}
Weitere selbst *gewählte* *thematische* *Schwerpunkte*	Weitere eigene Fragen zu:	Eigene Vorhaben

Materialien und Arbeitsvorschläge: Zu den Textauszügen

Zur Auswahl der Romanauszüge

A 1 Welche Arten von Trivialromanen wurden in die Textsammlung aufgenommen?

A 2 Unter welchen Aspekten wurden wohl die Textauszüge für dieses Heft ausgewählt?

A 3 Welche Textstellen halten Sie für die jeweilige Art von Trivialroman für besonders charakteristisch?

Personendarstellung und Handlung

A 4 G   Charakterisieren und beschreiben Sie die »Helden« und »Heldinnen«
der folgenden Texte:

T 1: Cynthia und Herr Harding

T 3: Graf von Scheldern und Gräfin Justine

T 5: Helen

T 8: Karin und Gero

T 10: Matt Dolan

T 11: Heinz Schmitt

A 5 Wie wirken die einzelnen Figuren auf Sie?

A 6 Welche Charaktereigenschaften haben diese Heldinnen und Helden gemeinsam?

A 7 Die Wahl der Namen in einem solchen Roman ist im Hinblick auf die Wirkung sehr wichtig. Warum werden Namen wie die obigen (Cynthia, Harding, Graf von Scheldern usw.) vom Autor bzw. Verlag gewählt?

A 8 Lesen Sie noch einmal T 1 *Wie roter Mohn flammte ihre Liebe*
Auf die Schilderung Cynthias (S. 8) verwendet der Autor besondere Sorgfalt. Durch welche stilistischen Mittel wird versucht, einen besonders tiefen Eindruck auf den Leser zu machen? Arbeiten Sie mit Unterstreichungen im Text und mit entsprechenden Randbemerkungen.

A 9 Die Liebeserklärung (S. 9) Hardings an Cynthia ist eine Schlüsselszene. Denn der eingeweihte Leser weiß von diesem Zeitpunkt an, daß dem Liebespaar nichts Ernsthaftes mehr passieren kann. Wie erreicht dies der Autor? Welches Rollenverhalten werden dem Mann bzw. der Frau zugeschrieben?

A 10 G Prüfen Sie, ob die Ortsbeschreibungen der Handlung der Romanauszüge T 1 stimmig sind. Welche Klischees (allgemeine, abgegriffene Aussagen) werden verwendet? Inwiefern ist dabei dem Autor die Realität gleichgültig? Versuchen Sie, Widersprüche auszumachen.

M 1

Schematische Darstellung des Handlungsablaufes von Liebes-, Frauen-, Arzt-, Schwestern-, Heimatromanen usw..

Das Schema ist dem Leser bekannt, die konkrete inhaltliche Füllung jedoch nicht. Mit unwahrscheinlichen Fügungen und unvorhersehbaren Zufällen (Schicksal) überrascht der Autor den Leser. Die Liebe der beiden ist in keinem Augenblick wirklich in Gefahr, das Happy-End steht von Anfang an fest.

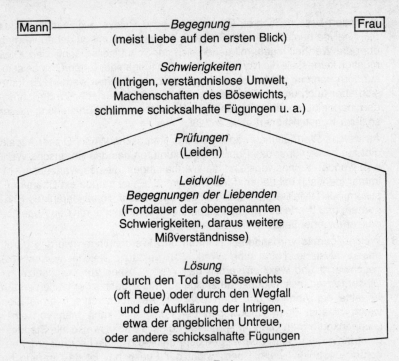

Happy End
Hochzeit, lebenslanges Glück

A 11 G   Fertigen Sie nach diesem Schema das Exposé (kurze Inhaltsangabe) eines Romans der obengenannten Gattungen an.

Hans Norbert Fügen beschreibt im folgenden Text, wie Norm- und Werthaltungen in literarischen Werken erschlossen werden können. Sie haben sich schon bei der Beantwortung der ersten Fragen dieser Methoden bedient.

M 2

Bei der soziologischen Analyse literarischer Werke kommt den Verhaltensnormen und Werthaltungen eine besondere Bedeutung zu. Sie können unter drei verschiedenen Aspekten untersucht werden:

1. Welche Normen und Werthaltungen werden dargeboten, welche werden als inkompatibel [unverträglich] dargestellt und welche von ihnen werden

akzeptiert bzw. mißachtet. Die soziologische Relevanz dieses Aspektes der Analyse besteht darin, daß er am ehesten Auskunft zu geben vermag über die Werthaltungen, mit denen sich der Schriftsteller identifiziert. Dies müssen keinesfalls die Normen und Werthaltungen der Eigen-Gruppe sein, sondern können ebenso einer Bezugsgruppe entliehen werden. Es kann sich aber auch um die Darstellung bisher nicht artikulierter Werterfahrungen handeln, an der sich sozialer Wandel und die Entstehung neuer sozialer Konstellationen ablesen läßt.

2. An welche Werthaltungen appelliert das literarische Werk? Dieser Aspekt gibt am besten über das Publikum Auskunft, an das das literarische Werk sich wendet. Keineswegs sind die Werthaltungen, die das Werk anspricht, immer identisch mit denen, für die es eintritt. Es ist gerade ein Charakteristikum der Trivialliteratur, aber keineswegs ein auf sie beschränktes Phänomen, daß Werte der Bezugsguppe einem Publikum durch den Appell an dessen eigene Gefühlswerte nahe gebracht werden.

3. Welche bereits vorhandenen Normen und Werthaltungen werden durch das analysierte literarische Werk (A) gestützt, welche werden (B) geschwächt und welchen verhilft das Werk (C) neu zur Durchsetzung? Dieser letzte Gesichtspunkt stützt sich auf das Ergebnis der beiden ersten Aspekte der Analyse und führt über die werkimmanente Interpretation weiter hinaus. Beim Überwiegen der Funktion A kann man von einer gruppenkonformen Literatur sprechen, zu der beispielsweise alle Standesdichtung gehört. Beim Überwiegen der Funktion B ist die Literatur gruppenkonträr-destruktiv, beim Übergewicht der Funktion C ist das literarische Werk gruppenkonträr-konstruktiv. Die Verwirklichung der Funktion C ist jedoch durch die Literatur allein nicht zu leisten. Das literarische Werk kann lediglich mit anderen konkurrierende Ideale anbieten. Deren Durchsetzung, d. h. die Umwandlung sozial unverbindlicher Ideale in sozial wirksame Normen hängt davon ab, ob eine soziale Schicht oder Gruppe bereit ist, durch positive und negative Sanktionen die Einhaltung dieser Normen zu erzwingen. [. . .]

Hans N. Fügen (1968, S. 33/34)

A* 12

1. Auf welche Weise können nach Norbert Fügen Norm- und Werthaltungen in literarischen Werken erschlossen werden?
2. Übertragen Sie seine Methode auf Trivialromane: z. B. Aus welcher sozialen Schicht stammen die Wert- und Normhaltungen der Figuren in Trivialromanen, die meist der Oberschicht angehören oder in sie aufsteigen (Unter-, Mittel-, Oberschicht)? Zu welcher Schicht gehört der größte Teil der Leser? Warum handelt es sich um eine gruppenkonforme Literatur?

Ehe, Familie, Kinder

A 13 G   *T 3: Du bist der Mann meiner Schwester*

1. Charakterisieren Sie die Ehe des Grafen Christian mit seiner Frau Justine. Welche Absicht verfolgt die Autorin mit der Darstellung? (Denken sie dabei auch an den Titel.)
2. Welche Rolle spielt die kleine Verena in diesem Text?
3. Justine erliegt schließlich einem Verkehrsunfall und bittet auf dem Sterbebett die Schwester Tessa, die sich inzwischen aufopfernd um Mann und Kind gekümmert und in die sich der Graf verliebt hat, bei ihrem Kind Verena und damit bei ihrem Manne zu bleiben. Welche Auffassung von der Ehe verbirgt sich in diesem Textauszug (der wohl repräsentativ für diese Romane ist)?
4. Versuchen Sie, die stilistischen Mittel zu erfassen, mit denen die Autorin die Verdorbenheit Justines und gleichzeitig den Edelmut des Grafen Christian darstellt. (Achten Sie besonders auf die Adjektive, »Häufung als Stilprinzip«.)

A 14 G   *T 8: Wer mein Papi wird, bestimme ich!*

1. Welche Erwartung wird beim Leser durch den Titel geweckt?
2. Welche Beziehung läßt sich zwischen Mutter und Sohn feststellen?
3. Der Mann Karins (und Vater Geros) kam durch ein Unglück ums Leben. Welche Aufgabe kommt dem Jungen bei der Wahl des »zweiten Vaters« zu?
4. Welche Lesergruppe wollen die »Mami«-Romane des Kelter-Verlages ansprechen?

Konfliktlösung und Moral

M 3   *Kommunikationstheoretische Betrachtung von Trivialromanen*

Zum Verständnis der folgenden Erörterung ist es notwendig, die Watzlawicks Axiome einer Theorie der menschlichen Kommunikation zu kennen. Deshalb seien sie genannt:

1. *»Man kann nicht nicht kommunizieren.«*[1]
2. *»Jede Kommunikation hat einen Inhalts- und einen Beziehungsaspekt, derart, daß letzterer den ersteren bestimmt.«*[2]
3. *»Die Natur einer Beziehung ist durch die Interpunktion der Kommunikationsabläufe seitens der Partner bedingt.«*[3]
4. *»Menschliche Kommunikation bedient sich digitaler [verbaler] und analoger [nonverbaler] Modalitäten. Digitale Kommunikationen haben eine komplexe und vielseitige logische Syntax, aber eine auf dem Gebiet der Beziehungen unzulängliche Semantik! Analoge Kommunikationen dagegen besitzen dieses semantische Potential, ermangeln aber die für eindeutige Kommunikationen erforderliche logische Syntax.«*[4]
5. *»Zwischenmenschliche Kommunikationsabläufe sind entweder symmetrisch oder komplementär, je nachdem, ob die Beziehung zwischen den Partnern auf Gleichheit oder Unterschiedlichkeit beruht.«*[5]

Kommunikationsschwierigkeiten werden beim Trivialroman zum Konstruktionsprinzip, vor allem bei der Gruppe der aufs Gefühl spekulierenden Romane, wie etwa den Liebes-, Frauen-, Mutter-und-Kind-, Schicksal- oder Arztromanen. Das glückliche Ende steht von vornherein fest, die Liebenden sind füreinander bestimmt, wobei das Auftauchen eines Dritten oder widrige Schicksalsschläge für die entsprechenden Verwicklungen zu sorgen haben. Diese Verwicklungen beruhen oft darauf, daß die beteiligten Personen sich nicht verstehen, weil sie sich als unfähig erweisen, eine differenzierte Kommunikation herzustellen. Die Beziehungen zwischen den Personen sind von Anfang definiert, zeitweilige Entfremdung berührt diese Ebene nicht. Die Auseinandersetzungen werden auf die Inhaltsebene verschoben, wobei manchmal für den naiven Leser auch die Beziehungen gestört zu sein scheinen. Auch machen die Helden keine Entwicklung durch, so daß sie ihre Beziehungen nicht neu definieren müssen. Sobald die Schwierigkeiten auf der Inhaltsebene beseitigt sind, steht dem Happy-End nichts mehr im Wege. Deshalb lassen sich die scheinbar schlimmsten Hindernisse auch leicht beseitigen, wobei der Zufall die Rolle des antiken Deus ex machina spielt. Für den Leser entfällt die schwierige Aufgabe, die wechselseitigen Abhängigkeiten zwischen Inhalts- und Beziehungsebene bei Konflikten zu erkennen und zu bestimmen. Er wird in seiner Vorahnung bestätigt und die »rechte« Ordnung ist wieder hergestellt. Diese Ordnung ist auch deshalb so mühelos reparabel, da das Wert- und Normensystem niemals als fragwürdig, als hinterfragbar betrachtet wird. Damit aber wird Kommunikation zu einem Ritual, das dem vom Verleger angesprochenen Leser bekannt und vertraut ist, das u. U. seinem eigenen Kommunikationsverhalten entspricht. Konfliktsituationen werden nicht verbal (digital) bewältigt, sondern man bedient sich »analoger Modalitäten«[6]. Da aber analoge Modalitäten vieldeutig sein können, da sie in bestimmten Situationen nur zusammen mit der sprachlichen Äußerung ihren Interpretationsstellenwert offenbaren, kommt es notwendigerweise zu neuen Verwicklungen. Dabei wird die »Interpunktion der Kommunikationsabläufe«[7] falsch gesehen. Die Ursachen für die augenblicklichen Mißverständnisse sind nicht allein aus den momentanen Aussagen und dem Verhalten der Partner lösbar, sondern es müßten die vielen vorangegangenen Bedingungen, die das jetzige Verhalten bestimmen, und auch das vergangene eigene Verhalten mitberücksichtigt werden. Beispiele lassen sich in jeder der obengenannten Art des Trivialromans beschreiben. Eine Szene soll stellvertretend daraufhin betrachtet werden.

»Aus großen Augen schaute sie auf Frank. Alles Leid brach wieder auf. Warum hast du mich so belogen, mein Geliebter? klagte ihr Herz. Warum hast du nicht den Mut gefunden, zu mir zu kommen und mir alles zu sagen? Niemals hätte ich mich an dich geklammert. Ich liebe dich, Frank, ich will nur, daß du glücklich wirst.
Aber ihre Züge verrieten nichts von dem Sturm, der in ihrem Herzen tobte. Kühl und abweisend stand sie da. Kein Muskel in dem ebenmäßigen Gesicht regte sich.
Frank spürte, wie die alte Sehnsucht in ihm wuchs und alle Bedenken und Überlegungen davonschwemmte. Er hatte nur einen Wunsch, sie in seine Arme zu nehmen, sie an sich zu drücken und alles zu vergessen, was zwischen ihnen stand.
›Petra . . .‹ Sehnsuchtsvoll flüsterte er ihren Namen. Ohne es selbst zu wissen, streckte er seine Hände nach ihr aus. Das Mädchen erstarrte. Für den Bruchteil einer Sekunde hatte ihr Herz seinem Drängen nachgeben wollen. Dann aber erinnerte sie sich. Sie sah wieder den Brief vor sich. Wie mit glühenden Zangen hatten sich die Worte in ihr Herz eingeschrieben. Niemals würde sie diesen Brief vergessen können.
Stolz wandte sie sich ab. Sie wollte gehen.
›Bitte, Petra!‹
Wie um Hilfe hatte er geschrien. Das junge Mädchen stutzte. Dann drehte sie sich langsam herum. Langsam gingen ihre blauen Augen über sein aufgewühltes Gesicht, so als wollten sie hinter seiner Stirn lesen, was in ihm vorging.

›Wenn du mich je geliebt hast, Frank, so bitte ich dich, versuche nie wieder, mich zu sehen. Ich will es nicht . . .‹
Frank erbleichte. Bitterkeit stieg in ihm hoch. Er glaubte zu wissen, warum sie ihn von sich wies.
›Dafür empfängst du Herrn Kührwein um so lieber, was?‹
Alle Farbe strömte aus ihrem Gesicht. Sie fühlte sich in ihrer Ehre gekränkt.
›In diesem Fall kann ich nur sagen, ja!‹ kam ihre harte Antwort. Sie drehte sich um und war endgültig verschwunden.«[8]
Die beiden Liebenden treffen sich nach einer Reihe von Mißverständnissen und Schicksalsschlägen und hätten die Chance, sich zu versöhnen. Petra und Frank sprechen in dieser entscheidenden Situation zu gut wie nichts. Durch inneren Monolog wird dem Leser deutlich, daß sie beide die augenblicklichen Beziehungen ganz unterschiedlich interpunktieren. Petra: »Warum hast du mich so belogen? klagte ihr Herz. Warum hast du nicht den Mut gefunden, zu mir zu kommen und mir alles zu sagen?«[9] Sie wirft ihrem Geliebten das vor, was sie selbst praktiziert: »Aber ihre Züge verrieten nichts von dem Sturm, der in ihrem Herzen tobte.« Frank reagiert wie Petra. Auch er hat den Wunsch, das Trennende zwischen ihnen auszuräumen, erweist sich aber ebenso unfähig, zwischen verbaler und nonverbaler Kommunikation zu vermitteln. So müssen schließlich die analogen Modalitäten mißverstanden werden, das kühle Verhalten Petras wird als Untreue interpretiert; beide erkennen nicht, daß ihr jetziges Verhalten nur verständlich sein könnte, wenn es als Folge früherer Kommunikationsabläufe und des vorangegangenen eigenen Verhaltens Verbalisierung fände. Der Brief stellte sich als Fälschung heraus und die angebliche Untreue Franks als Presseente. Andererseits wird dem Leser signalisiert, daß die Beziehungsebene der beiden Liebenden völlig intakt ist, ja daß große Liebe, in diesem Fall Liebe auf den ersten Blick, durch nichts zu gefährden ist. So wird es dem Eingeweihten klar, daß es nur eine Frage der Zeit ist, bis diese Mißverständnisse in sich zusammenfallen.
Wie schnell und mühelos diese dann ausgeräumt werden können, zeigt sich kurze Zeit später:
»›Aber der Brief‹, stammelte sie. ›Der Brief!‹
Verwundert schüttelte Frank den Kopf.
›Von was für einem Brief sprichst du?‹ erkundigte er sich.
In fliegenden Worten berichtete ihm das junge Mädchen von dem verhängnisvollen Schreiben.
Mit wachsender Erbitterung hörte Frank ihr zu. Sein Gesicht war eine Maske aus Abscheu und Ekel.
›Ich habe immer gewußt, daß dieser Kührwein ein Haderlump ist‹, sagte er nachdenklich. ›Daß er aber zu einer solchen Schurkerei fähig ist . . .‹
Das Gesicht des jungen Mädchens leuchtete auf. Ein Strahlen ging über ihre Züge, sie schien wie verwandelt.
›Es ist also nicht wahr . . .‹

Zärtlich lächelt Frank ihr zu. Auch ihm war klar geworden, daß sein Verdacht, den er gehegt hatte, gegenstandslos war. Auch er war von Kührwein hintergangen worden.
›Nichts ist wahr, mein Lieb‹, flüsterte er voll Zärtlichkeit.
›Kührwein hat dies alles erfunden . . .‹
Erschüttert schwieg das junge Mädchen. Eine Träne löste sich von den langen, seidenweichen Wimpern und rollte ihre Wange herunter. Es ist alles gut, jubelte es in ihr. Er liebt mich, er hat mich nie betrogen.
Frank hielt es nicht länger hinter der Theke. Mit einem Satz setzte er darüber hinweg. Aus großen Augen schaute ihn Petra erschrocken an.
›Wenn jemand kommt, Frank‹, stammelte sie. ›Du kannst doch nicht einfach . . .‹«
Aber Frank ließ sie nicht zu Wort kommen. Mit einem Jubelruf nahm er das junge Mädchen in seine Arme.
›Ich liebe dich, Petra‹, flüsterte er in ihr Ohr. Sein Gesicht neigte sich über sie. Immer näher kommen die roten Lippen, das Weiß seiner Zähne blitzte noch einmal auf. Dann senkte sich sein Mund auf ihre Lippen. Immer wieder küßte er sie. Küßte ihr die salzigen Tränen von den Wangen, küßte ihre Lippen, bis sie unter seinem Mund aufblühten und seinen zarten Druck erwiderten.«[10]
Petras Mutter überlebte die Aufregungen, die die Verdächtigungen ihrer Tochter als Diebin durch Frank und seinen Vater mit sich brachten, nicht; Petra selbst wurde bis an den Rand der Verzweiflung getrieben.

Trotzdem genügt es vollauf, die Inhaltsebene zu berichtigen, um sich selig in den Armen zu liegen und den ursprünglichen Zustand höchsten Glücks wiederherzustellen.

Der Leser, der sich mit den Liebenden identifiziert, ist fasziniert von der Leichtigkeit, mit der hier schwierige Konflikte gelöst werden. Er durchschaut nicht, daß solche »Mißverständnisse« nicht ohne Wirkungen auf die Beziehungsebene bleiben können. Damit aber werden ihm Möglichkeiten der Konfliktbewältigung gezeigt, die in seiner Umgebung nicht beobachtbar sind.

Daraus können sich verschiedene Folgerungen für das davon beeinflußte Verhalten des Lesers ergeben, je nachdem er sich ganz mit dem Geschehen identifiziert oder distanziert kritisch einen solchen Roman liest, wobei zwischen diesen Positionen viele Übergänge möglich sind. [. . .]

Weitere Textauszüge zu diesem Roman »Als Diebin gebranndmarkt« S. 12–14.

[1] P. Watzlawick, J. H. Beavin, D. D. Jackson: Menschliche Kommunikation. Bern 1969, S. 53
[2] Ebd., S. 56. Zur Verdeutlichung: »Wenn man untersucht, was jede Mitteilung enthält, so erweist sich ihr Inhalt vor allem als Information. Dabei ist es gleichgültig, ob diese

Information wahr oder falsch, gültig oder ungültig oder unentscheidbar ist – nämlich ein Hinweis darauf, wie der Sender die Beziehung zwischen sich und dem Empfänger möchte. Sie definiert also, wie der Sender die Beziehung zwischen sich und dem Empfänger sieht, und ist in diesem Sinn eine persönliche Stellungnahme.« (S. 53)

3   Ebd., S. 61. Unter »Interpunktion der Kommunikationsabläufe« versteht Watzlawick, daß die Menschen meistens die vorangegangene Mitteilung des Partners als Ursache interpretieren und dadurch den Kommunikationsablauf »interpunktieren«. Dies ist aber falsch, denn diese Sichtweise unterschlägt, daß die Mitteilung bereits Folge eines früheren Kommunikationsabschnittes gewesen ist.

4   Ebd., S. 68.

5   Ebd., S. 70.

6   Ein Begriff, der von Watzlawick (a.a.O., S. 68) gebraucht wird und vor allem die Mimik, Gestik und die nonverbalen Mittel umfaßt, der die Beziehungsebene signalisiert.

7   Vgl. Anm. 3.

8   Senta Maier, Als Diebin gebrandmarkt [. . .] Romane des Herzens, Nr. 112. Hamburg: Martin-Kelter-Verlag, S. 37 f.

9   Ebd., S. 37.

10   Ebd., S. 43.   *Karl Schuster (1977, 411–416)*

A* 15   Warum sind Mißverständnisse in Trivialromanen so häufig die Ursache für Konflikte und Katastrophen?
Nach welchen Muster werden in Trivialromanen Konflikte gelöst?
Welche Kommunikationsmuster lassen sich feststellen? Ziehen Sie dazu auch die Texte T 1 ff. heran.

M 4 *Von der Moral erwischt. Analyse eines Trivialromans*

Lockende Gefahr für Dr. Bruhn von Johanna Brugger, Martin-Kelter-Verlag, Hamburg.
Wer ist Dr. Stefan Bruhn? Ich hatte mit allem gerechnet, aber daß er ein hünenhafter, breitschultriger, blonder, junger, enorm begabter Assistenzarzt mit stahlblauen Augen im scharfgeschnittenen, braungebrannten Gesicht ist und einen elastischen, federnden Gang hat, überraschte mich doch. Mit lakonischer Unbedenklichkeit wird er einem in wenigen Zeilen vorgestellt. Dann erfährt man noch, daß er sehr empfänglich für weibliche Schönheit ist, auch sehr ehrgeizig, aber ohne rechte Neigung zu wissenschaftlicher Arbeit, er sieht darin nur ein Mittel, um voranzukommen. Das sind Charakterzüge, die ihn zusammen mit seiner Idealität zu einer gefährdeten Person machen, zu jemand, der eine Erfahrung machen muß.
Eine Verführerin wartet auf ihn, die schöne verwöhnte Luxusdame Sibylle Termeulen. Sie hat sich an der Universitätsklinik von dem berühmten Professor Fahrenkamp den Blinddarm herausoperieren lassen und benutzt ein paar

Genesungstage dazu, den Assistenten des Professors vom rechten Weg abzubringen. Sie besucht mit ihm ein Schlemmerlokal und eine Bar, erzählt ihm, daß sie Inhaberin einer Privatklinik für kosmetische Chirurgie ist, und beeindruckt ihn so stark, daß er an einem freien Wochenende zu ihr reist. Dort, in ihrer luxuriösen Umgebung, wird Sibylle seine Geliebte, und um das Verhältnis zu etablieren, bietet sie ihm eine gut bezahlte Stellung als Chirurg an ihrer Klinik an. Noch zögernd fährt er in die Universitätsstadt zurück, aber als er von seinem Chef wegen seiner Verspätung derb gerügt wird, gibt das den Ausschlag.

Inzwischen ist auch eine Nebenhandlung in Gang gekommen. Die Medizinstudentin Martina Feldmann wird durch ein Telegramm nach Hause gerufen. Ihr Vater, der als Landarzt im Heidestädtchen Brackwede praktiziert, ist auf der Fahrt zu einer alten Patientin am Herzinfarkt gestorben. Die Familie weiß nicht, was werden soll. Für kurze Zeit kann man einen Vertreter in die Praxis holen, Martina, die älteste Tochter, beschließt, ihr Studium vorläufig aufzugeben und Geld zu verdienen. Eine Annonce führt sie in die Privatklinik »Waldesruh«, ungefähr gleichzeitig mit Dr. Bruhn. Der bemerkt sie allerdings nur als angenehme Randerscheinung, weil er ganz von Sibylle Termeulen, dem Luxusleben und seinen weniger erfreulichen neuen Berufserfahrungen in Anspruch genommen wird. Der Chefarzt, Dr. Georg Bitner, ein häßlicher mephistophelischer Mann, anscheinend nicht nur Sibylles Geschäftspartner, sondern auch früherer Geliebter, macht ihm Schwierigkeiten. Schlimmer aber ist, daß er allmählich Sibylles skrupellose Gesinnung entdeckt. Die alten Filmdiven und häßlichen Neureichen werden in der Klinik behandelt, aber eine junge Frau, die ihre Schönheit bei einem Unfall verloren hat, soll nicht operiert werden, weil zweifelhaft ist, ob der Mann die Operation noch bezahlt. Dabei ist das eine Wiederherstellungsoperation zur Rettung einer Ehe, die Reichen wollen das schöne Gesicht nur für ein frivoles Leben. Die Augen vollends geöffnet werden dem Dr. Bruhn, als die Klinikinhaberin und ihr finsterer Chefarzt bereit sind, einem amerikanischen Gangster für zweitausend Dollar ein neues Gesicht zu machen. Verzweiflung führt ihn zu Martina, die ihn sofort versteht, und Weihnachten taucht er im Doktorhaus auf und bietet sich der glücklichen Familie als Vertreter für die Praxis an. Er, der seine Eltern früh verloren hat, fühlt sich in der Familie Feldmann wohl, und arbeitet sich, unterstützt von Martina, erfolgreich in die Praxis ein. Sie lieben sich beide schon eine Weile, bevor sie es sich gestehen, und er sie bittet, seine Frau zu werden.

In diesem Arrangement fester Positionen ist Dr. Bruhn das einzig veränderbare Element, das Handlung ermöglicht. Der Roman ist die Geschichte seiner Rollensuche, die aus der Undefiniertheit über den Irrtum zu einem musterhaften Status führt. Um diesen Weg zurückzulegen, muß er lernen, die Symbole der bösen und der guten Moral zu lesen. Wenn er nach verständlicher vorübergehender Verblendung das eine Zeichensystem durchschaut und das andere dahinter entdeckt hat, ist er am Ziel. Er hat sich zum Arztidol komplettiert, das das breiteste Spektrum männlicher Attraktivität vertritt, von verführerischer Erotik bis zum zuverlässigen Ernst, und so wird er der Identifikationsfigur der Leserinnen, an die der Roman adressiert ist, zum Geschenk gemacht. Sind es jüngere Leserinnen, dann bekommen sie über Martina Feldmann einen Traumbräutigam, sind es ältere, dann können sie über die Identifikation mit der Mutterrolle sich einen idealen Schwiegersohn denken. Das ist die fiktive Belohnung dafür, daß sie den Erkenntnisweg des Dr. Bruhn mitgemacht haben, sich also wieder haben sagen lassen, was gut und was böse ist.

Böse ist zunächst einmal die erotische Initiative der Frau. Sie gehört zur Verführerinnenrolle und ist mit Gefühlskälte assoziiert. Die wahrhaft liebesfähige Frau wie Martina Feldmann ist unauffällig und anmutig anwesend, hilft und versteht sofort, wenn sie gebraucht wird, verinnerlicht aber ihre Gefühle, bis der Mann das erlösende Wort spricht. Auch dann ist ihre Hingabe mehr innig als sexuell. Vom Mann dagegen wird erwartet, daß er Erfahrungen macht. Dr. Bruhn ist entschuldigt, weil er »hundertprozentig Mann« ist und im Umweg über das Abenteuer gereift in die Ehe eingeht. Er muß schließlich die praktischen Kenntnisse erwerben, um die auf ihn wartende Frau führen zu können. Im Idealfall gibt sie dann wie Martina Feldmann auch den Beruf auf, um »doppelt und dreifach entschädigt« nur Frau zu sein. Die wirkliche Frau ist die verheiratete Hausfrau.

Die Verurteilung des sexuellen Lustprinzips, das die Verführerin Sibylle repräsentiert, ist Teil einer Gesamtkritik der reichen Leute, die in jeder Beziehung frivol genußsüchtig sind und im Luxus schwelgen, sich ihre alten oder häßlichen Gesichter zu diesem Zweck von der kosmetischen Chirurgie korrigieren lassen, wenn sie nicht wie Sibylle durch eine ebenso scheinhafte, nämlich betörende und benebelnde Schönheit und Raffinesse über ihr wahres Wesen, die Profitgier, die Verantwortungslosigkeit und den Egoismus hinwegtäuschen. Dr. Bruhn ist ein Getäuschter, der aber in seinem Innern der guten Moral zugeordnet bleibt, da er sich das Genußleben nur unter der Kategorie Liebe und im Hinblick auf spätere Ehe erlaubt.

Das wäre also eine Moral weitgehenden Triebverzichtes vor allem für die Frau. Ihr sozialer Ehrgeiz wird auf die Ehe als höchstes Ziel gerichtet, die Tugenden der Verinnerlichung, der Bescheidenheit und arbeitsamer Pflichterfüllung werden von der Gefühlsaura der Liebe überglänzt. Gleichzeitig wird der verklärte Status abgesichert durch die Abwertung der Kontrastwelt. Die reichen Leute sind schlecht und der schönste Lohn, die Liebe, wird ihnen am Ende nicht zuteil. [. . .]

Anpassung seiner Leser an ihre soziale Situation, das leistet der Roman, indem er ein entsprechendes Wertsystem bestätigt und dessen Vertreter belohnt. Die Fiktion dient also der Strukturbewahrung, indem man die Struktur als wahrhaft gültige mit den Augen der Hauptperson neu entdeckt. Nichts darf sich dieser Beweisführung entziehen. Alles wird eingeordnet in die alternativen Zeichensysteme. Sogar die Namen der beiden weiblichen Kontrastfiguren sind Zeichen, Sibylle Termeulen – das klingt fremdartig, üppig und deshalb anrüchig, während Martina Feldmann ein schlichter, zuverlässiger deutscher Name ist. Das wiederholt sich in der Haarfarbe. Sibylle ist rothaarig, Martina blond. Blond, die Haarfarbe der guten Menschen, hat charakteristische Abstufungen. Vom flachsblonden Wuschelkopf der jüngsten Feldmanntochter Uschi, der geschlechtslose Kindlichkeit anzeigt, bis zum dunkelblonden Knoten der Witwe Feldmann, einem abgeschatteten Signal, das Verzicht und stilles Zurücktreten bedeutet. Voll entfaltete Weiblichkeit, wenn auch im Sinne häuslicher Innigkeit, signalisiert das Haar Martina Feldmanns. Es ist blond mit einem warmen Honigton, der ähnliche Gefühlsqualitäten verspricht wie das mit echten Bienenwachskerzen und Honiggebäck sich empfehlende Feldmannsche Weihnachtsfest. Martinas Garderobe ist ebenfalls vertrauenerweckend, nämlich sauber, hell, die Auswahl ist nicht groß, aber alles ist geschmackvoll und von guter Qualität. Der Kontraststil Sibylles ist verschwenderisch und raffiniert, wird beispielsweise repräsentiert durch einen Hausanzug aus schwarzgeblümter China-Seide, während für Martina das weiße Kleid aus Schweizer Batist, das farbige Band im Haar oder das mit Röschen bedruckte Kopftuch typisch sind. [. . .]

Das sind feste Orientierungen zur Stabilisierung einer zwanghaften Moral, und der Roman als ihr demonstratives Spiegelbild zeigt sich als ein überintegriertes System, das Widersprüche nur in Form der Täuschung zuläßt. Ihre Aufklärung wird zur systematischen Denunziation. Ehe die große Entlarvung der schlechten Gesinnung Sibylles beginnt, werden kleine, dem Dr. Bruhn zunächst entgehende Zeichen apart zum Leser geschickt, etwa ein triumphierendes Aufblitzen ihrer Augen im Dunkeln, ein Beobachten des arglosen Mannes aus dem Augenwinkel, eine kühle, hochmütige Stimme und schließlich, wenn die Maske fällt, ein böse entschlossener Ausdruck. Es ist der Augenblick der Abwendung des Helden vom längst disqualifizierten Wertsystem Sibylles. »Er sah hinter die schöne aufreizende äußere Fassade, die ihn so fasziniert, ja geblendet hatte«, und mit Adjektiven wie egoistisch, oberflächlich, ehrgeizig, geldbesessen und skrupellos, die er jetzt dafür bereit hat, stimmt er den Vorurteilen der Leserinnen zu.

Das wäre also ein wirklich normbildender oder -bestätigender Roman, vor allem deshalb, weil er nicht nur Wertschätzungen, sondern auch exemplarische Verhaltensweisen vermittelt. [. . .]

Dieter Wellershoff (1969, 72–81)

A 16 Welche moralischen Haltungen stellt D. Wellershoff in seiner Analyse eines Trivialromans jeweils für Mann und Frau fest?

Weshalb halten sich die Heldinnen und Helden in Trivialromanen so strikt an die moralisch saubere Unterscheidung von Gut und Böse?

Wie werden die Figuren schon von ihrem Äußeren her entsprechend gekennzeichnet? Suchen Sie selbst dazu Beispiele in den Primärtexten.

Soziale Frage

A 17 *T 9: Das Laster kam im Schafspelz*

1. Dieser Romanauszug stammt aus der Serie »Rote Laterne« des Zauber-
kreisverlages. In der Einleitung wird das soziale Milieu der Anita Matz
sorgfältig geschildert. Der Roman spielt nicht im gehobenen Bürgerstand,
sondern in einem heruntergekommenen Arbeiterviertel in Berlin. Damit
stellt er eine Ausnahme dar. Charakterisieren Sie dieses Milieu genauer.

2. Was möchte die Autorin mit dieser Schilderung vermutlich erreichen?
(Beachten Sie den Titel.)

A 18

1. Anita landet schließlich durch ihren Freund im Dirnenmilieu. Wie wird
dieses Dirnenmilieu im Gespräch mit dem Mann beurteilt?

2. Anita Matz kann sich nach leidvoller Erfahrung aus diesem Milieu befreien.
Inwiefern läßt sich dieser Roman auch in die Reihe der übrigen Frauen-,
Liebesromane einordnen?

Krieg und Kampf (Heldentum und Tapferkeit)

Lesen Sie dazu die Texte T 10 / T 13 / T 14 / T 15

A 19 G *T 10: Reite — oder morgen bist du tot*

Sammeln Sie Spezialausdrücke, mit denen der Autor den Kampf zwischen Matt Dolan und Bill Master beschreibt (vor allem die Metaphern, z. B. »nagelte ihn an einer Hauswand fest.«, und die Vergleiche). Welche Funktion hat die Schilderung dieses Kampfes schon am Anfang des Romans?

A 20 Trotz offensichtlicher Schwierigkeiten wird der Rechtsanwalt Matt Dolan siegen (siehe den Schluß). Woraus läßt sich dies schon in der Einleitung entnehmen?

A 21 Die Schlußszene enthält wiederum eine große Kampfesszene. Was bedeuten solche gewalttätige Auseinandersetzungen, in denen die Helden oft ihre Gegner töten, für den Westernfan? Warum betont Matt Dolan, daß er Rechtsanwalt sei und sich nicht entschließen könne, immer eine Waffe zu tragen?

A 22 G Lesen Sie die Texte T 13–15, die aus einem »Landserroman« stammen. Welche Lesergruppe soll damit angesprochen werden?

A 23 FÜ   Analysieren Sie den Redaktionstext T 13.

1. Was versteht die Redaktion unter einem »stillen Heldentum«?

2. Warum wird die »Wirklichkeitsnähe« des »historischen Gesamtablaufs« betont und von einem »dokumentarisch fundierten Erlebnisbericht« gesprochen?

3. Weshalb wurde in den Roman ein Portrait *Eichenlaubträger der Luftwaffe* (T 15) aufgenommen?
   Welche Einschätzung des Krieges verbirgt sich dahinter? Beachten Sie, daß der Roman 33 Jahre nach Kriegsende, im Jahre 1978, erschien.

A 24 FÜ   Lesen Sie den Schluß des Romans T 14.
Wie wird General Ramcke dargestellt?
Auch aus diesem Schluß läßt sich die Einstellung des Autors zum Krieg erschließen. Suchen und deuten Sie die entsprechenden Textstellen.

Zukunftsvisionen

A 25 Lesen Sie die Texte T 11/12. In T 11 wird der Roman eingeleitet. Welche Voraussetzungen muß der Leser mitbringen, um diesen Text zu verstehen?

A 26 Sind die Zukunftsvisionen der Science-Fiction-Romane ernst zu nehmen? Begründen Sie Ihre Meinung. (Diskussion)

A 27 Weshalb wird dem Roman ein Teil des Perry-Rhodan-Lexikons angefügt? Welchen Eindruck versucht man damit beim Leser zu erzeugen? Welche Funktion haben die Leserbriefe in einem solchen Romanheft (siehe S. 38)?

Anfang und Ende

A 28 G

Vergleichen Sie einige Romananfänge (T 1–T 8).
Man sagt, daß die ersten Sätze für den Kauf entscheidend sind. Mit welchen
Mitteln versuchen die Autoren, zum Kauf anzuregen?

A 29 FÜ

1. Zum Anfang eines Romans gehört auch der Titel und die Titelseite.
   Versuchen Sie jeweils die Titelwahl und die Titelseitengestaltung zu erklären.
   Ziehen Sie zu dieser Klärung auch die Reihennamen heran.
2. Fertigen Sie selbst eine Titelseite (ev. Zusammenarbeit mit dem Kunstun-
   terricht) als Collage (Klebebild).

A 30 Auf die Gestaltung des Heftumschlages wird vom Verlag besonderer
Wert gelegt. Welche Funktion haben die Photos und die Umschlaggestaltung?
Analysieren Sie die abgedruckten Umschläge und versuchen Sie, deren Werbe-
wirksamkeit zu beschreiben.
Welche Funktion kommt auf der Titelseite den Autorennamen zu?

A 31 Das Ende der Romane:
T 1 / T 3 / T 5 / T 7 / T 8 / T 10 / T 14
Was kennzeichnet die Romanausgänge?

Materialien und Arbeitsvorschläge: Zur Entstehung

Merkmale und Strukturen

M 5   *Kriterien von Trivialität*

1. *Stilisierung auf Wunscherfüllung und Gegenwelten* (Bild des Helden, z. B. im Western, bzw. Bild einer »idyllischen« Welt, z. B. im sog. Heimatroman);

2. *Verknüpfung märchenhafter Fügung mit einer real gemeinten sozialen Umwelt in einer realen Zeit* (trivialisiert sowohl das Märchen wie das Leben);

3. *Illusion der Realitätsbemeisterung* (keine Situation ist so hoffnungslos, daß der Held nicht doch einen Ausweg fände);

4. *Zwangsharmonisierung und Spurenlosigkeit* (beliebte Harmonisierungsmittel: Tod oder Kloster, Bagatellisierung »erfahrener« Leiden);

5. *Scheinproblematik* (Scheinprobleme aus dem Zwang der Handlung bzw. »konstruierte Konflikte«);

6. *Häufung (Akkumulation) als Stilprinzip* (z. B. schon im Titel: Abenteuerliche Flucht der unglücklichen Komteß);

7. *Klischierung* (Reduktion der Wirklichkeit auf klare Figurentypen, vertraute Handlungsschemata, wiedererkennbare Requisiten und [sprachlich] auf geläufige, abgenutzte Wendungen);

8. *Banalität und Preziosität* (Zitat: »Eine Seligkeit ohnegleichen durchrann ihren Körper, der nur von einem modisch geschmackvollen Mantel umhüllt war«);

9. *Unkritische Naivität und Ernsthaftigkeit* (Fehlen jeder kritischen oder ironischen Distanz);

10. *(Billige) Nachahmung vorgegebener Muster* (z. B. Karl May nicht ohne Cooper)

Jvo Braack (1972, 181)

A 32   Die Kriterien von Trivialität lassen sich an T 1 und 2 und an dem Text von W. Killy (M 6) besonders gut verdeutlichen. Machen Sie durch Unterstreichungen und Randbemerkungen mit verschiedenen optischen Signalen diese Merkmale deutlich.

M 6

Fernher rauscht das Meer in die holde Stille, der Wind regt sanft das starre Laub. Ein mattseidenes Gewand, elfenbeinweiß und golden bestickt, umfließt ihre Glieder und läßt einen zartgeschwungenen Nacken frei, auf dem die feuerfarbenen Flechten lasten. Noch brannte kein Licht in Brunhilds einsamen

Gemach, – die schlanken Palmen ragten wie dunkle, phantastische Schatten aus ihren kostbaren chinesischen Kübeln empor, die weißen Marmorleiber der Antiken glänzten gespenstisch dazwischen und an den Wänden verschwanden die Bilder in ihren breiten mattschimmernden Goldrahmen.

Brunhild saß vor dem Flügel und ließ die Hände voll süßer Schwärmerei über die Tasten gleiten. Suchend floß ein schweres Largo daher, wie sich Rauchschleier aus glimmenden Aschen lösen, vom Winde zerfetzt werden und in bizarren Brocken herumfliegen, getrennt von der Flamme, wesenlos. Langsam wuchs die Melodie zum Maëstoso, sie rollt dahin in mächtigen Akkorden und kehrt wieder mit holden, flehenden, unsäglich süßen Kinderstimmen und mit Engelschören und rauscht über nächtliche Wälder und einsame, weite, brennend rote Heiden, wo alte Heidenmale stehen, und spielt um verlassene Dorfkirchhöfe. Helle Wiesen gehen auf, Frühlinge spielen mit leicht bewegten Gestalten, und vor dem Herbst sitzt eine alte Frau, eine böse Frau, um die herum alle Blätter fallen. Winter wird sein. Große glänzende Engel, die den Schnee nicht streifen, aber so hoch wie die Himmel sind, werden sich zu horchenden Hirten neigen und ihnen singen von dem Märchenkinde in Bethlehem. Der heiligen Weihnacht geheimnisgesättigter Himmelszauber umwebt die in tiefem Frieden schlummernde winterliche Heide, als ob ein Harfenlied fremd im Tageslärm klänge, als ob das Geheimnis der Wehmut selber den göttlichen Ursprung besänge. Und draußen streicht der Nachtwind mit zarten, tastenden Händen um das Goldhaus, und die Sterne wandeln durch die Winternacht.

Walter Killy (1970, 9/10)

A 33

»Das schöne Beispiel deutscher Prosa entstammt der Feder von sieben Autoren.« Killy hat einen Text aus verschiedenen Werken zusammengestellt und zeigt damit, daß triviale Textteile verschieden kombinierbar sind. Wodurch wird diese Kombinierbarkeit bedingt? Versuchen Sie selbst, so einen Text mit Hilfe der Romanauszüge herzustellen.

M 7   Ausgewählte Biographien

Hedwig Courths-Mahler: geboren am 18. 2. 1867 in Nebra a. d. Unstrut. Gestorben: 26. 11. 1950 in ihrem Landhaus ›Mutterhof‹, Rottach-Egern (Obb.)
Sie war Hausangestellte, Verkäuferin. Machte erste schriftstellerische Versuche mit 17 Jahren.
Ehe mit dem Dekorationsmaler Fritz Courths. Zwei Töchter; als Margarete Elzer und Friede Birkner waren sie später ebenfalls Romanautorinnen.
Ihr Gesamtwerk umfaßt 208 Romane, 5 auch in Bühnenfassung.
In den 30 Hauptschaffensjahren schrieb sie durchschnittlich 6,7 Romane jährlich.
Gesamtauflage der Originalausgaben: 30 Millionen Exemplare. Sie würden aneinandergereiht dreimal um den Äquator reichen. Übersetzungen in zwölf Sprachen, darunter Flämisch und Japanisch.
Nachlaß: 200 Romanentwürfe.

Die Herrin im Traumreich

Ein knappes Vierteljahrhundert nach ihrem Tod und im Zeitalter der gigantischen Technik sowie der Krisen wird Hedwig Courths-Mahler zur Starautorin.
»Es ist ein Märchen«, würde sie sagen. Zwar hat sie viel geschrieben – bis zu 14 Romane in einem Jahr –, aber viele Wörter standen nicht zu Gebote.
Niemand sonst hat Menschen so ohne Schattierung simpel gezeichnet: nur Edelmenschen aus Schmalz oder Stahl, Goldengel auf dieser und überriechende Teufel auf jener Seite. Der Mensch der Wirklichkeit, dieses Ge-

misch aus Gut, Böse und Angst, kommt bei ihr nicht vor.

Happy-End mit Fanfaren

Hundert Seiten lang droht den Guten Mißliches, dann bricht das Happy-End mit Fanfaren herein. »Er sprang auf und riß sie mit einem Jubelruf in die Arme. ›Trotzkopf, lieber – mein Wildvögelein – bist du endlich gezähmt?‹« Wörtlich so.

Wir alle lieben den Kitsch, ein wenig oder ein wenig heißer. Nur gesteht es nicht jeder ein. Kitsch ist heute noch so genierlich, wie Sex es vor zehn Jahren war.

Wir lieben ein bißchen das Gefühlige. Wir lieben die von der Schablone gestanzten Figuren, die ein jeder sofort durchschaut. Wir schätzen die Gewißheit, mit der Aschenputtel schließlich den Herrn Grafen oder den Industriekapitän kriegt. Wir mögen das Übertriebene der Darstellung: Grau wird zu Höllenschwarz, Anstand trieft vor Selbstlosigkeit.

Wir lieben das, weil es uns zuversichtlich macht. Zumindest, wenn wir Romane dieser Machart im stillen Kämmerlein lesen.

Vor dem elektronischen Guckkasten sitzen freilich die meisten nicht allein. Und da fühlen wir uns dann verpflichtet, auf Distanz zu halten: Kitsch ist immer nur etwas für die anderen.

Der Literaturkritiker Willy Haas hat die Courths-Mahler einmal gebeten, einen Gedenkartikel über die Marlitt zu schreiben. In diesem Aufsatz erklärt die Herrin im Traumreich, daß sie wirkliche Künstler wie die Romanautoren Dostojewski und Flaubert bewundere. »Aber wir«, nämlich sie selbst und die Marlitt, »gehören nicht zu ihnen. Wir beide haben uns an dem volkstümlichen Roman versucht. Ob uns das gelungen ist, darüber hat die Hausschneiderin in der Dachstube, die Köchin in der Küche, das Ladenmädchen beim Gemüsehändler zu urteilen, nicht Ihr Literaturkritiker.«

Marlitt war anders

Die 1887 verstorbene Marlitt hat mit ihren Geschichten gegen Standesdünkel, Frömmelei, soziale Ungerechtigkeit, Rassenvorurteile und gegen die Benachteiligung der Frau gekämpft. Und das in der braven, kleinbürgerlichen Familienzeitschrift »Die Gartenlaube«. Sie hat ihr Publikum angegriffen. Und da sie es zugleich mit ihrer Gefühlsseligkeit hinriß, wurden ihre Mahnungen angenommen.

Heute denken bei uns die Menschen gerechter. Sie fühlen freier. Dafür hat auch die Marlitt einiges getan.

Die Courths-Mahler weniger. Ihre Romane ließen die Leserinnen selig träumen. Das genügte ihr. Probleme? Sie hätten die Träume nur gestört.

Die Courths-Mahler hat die Marlitt bewundert, hat sie nachgeahmt, hat sich mit ihr verglichen und hat ihren Erfolg weit übertroffen. Begriffen hat sie das Vorbild nicht. Das Tal verglich sich mit dem Hügel.

Hanns Bornemann

A 34 Wie ist der große Erfolg der Hedwig Courths-Mahler zu erklären (nach Hanns Bornemann)? Nach Bornemann hat sich auch unser Verhältnis zum Kitsch geändert. Sind Sie derselben Meinung? (Diskussion)

M 8

Simmel über Simmel

Ich wurde am 7. April 1924 in Wien geboren, meine Eltern waren Hamburger. Ich besitze einen österreichischen Paß. Kindheit teils in Österreich, teils in England. Schulen und Studium in Wien. Ausbildung als »Chemo-Ingenieur« an der »Staatslehr- und Versuchsanstalt«. Arbeit als Chemiker in einem kriegswichtigen Betrieb. Laboratorium zerstört. Brauche Arbeit. Als 17jähriger schrieb ich meinen ersten Novellenband *Begegnung im Nebel,* der nach dem Krieg bei *Zsolnay* erscheint. Ich werde, dank meiner Sprachkenntnisse, Dolmetscher der Amerikanischen Militärregierung für Österreich. Die Amerikaner besorgen mir eine Schreibmaschine und Manuskriptpapier. In Nachtdienstschichten ist es oft ruhig. Dann schreibe ich an meinem ersten Roman *Mich wundert, daß ich so fröhlich bin.* Dieser Roman macht Zeitungs- und Filmleute auf mich aufmerksam. Ich werde der jüngste Kulturredakteur des Landes bei der *Welt am Abend.* Willi Forst holt mich zum Film. Von nun an habe ich drei Berufe: Reporter, Drehbuchautor, Romanautor, denn immer weiter schreibe ich Romane. 1950 übersiedle ich nach Deutschland und lebe in München, Berlin und Hamburg. In München werde ich von einer großen Illustrierten angeheuert und schreibe als »Mädchen für alles« oft ⅔ des Textteils – Romanbearbeitungen, Tatsachenberichte, historische, kriminalistische, wissenschaftliche Serien etc. Ich habe sieben Pseudonyme. Die Illustrierte schickt mich auf weite Reisen in die ganze Welt, ich komme nach Rio de Janeiro ebenso wie nach Tokio. Während meiner Dolmetscherzeit lernte ich viele CIC-(CIA)Agenten kennen, in meinem Reporterberuf Ärzte, Anwälte und interessante Menschen (auch viele Ganoven) auf der ganzen Welt. Diese Menschen sollen mir noch einmal sehr helfen . . .
Von 1950 bis 1962 schreibe ich 36 Drehbücher nach eigenen oder fremden Stoffen für alle großen Regisseure und Schauspieler und für viele Co-Produktionen (französische, amerikanische, italienische, jugoslawische). Die Romane, die in diesen Jahren erscheinen, haben glänzende Kritiken, aber ich kann von Romanhonoraren immer noch nicht ausschließlich leben. 1960 kommt es zu einem »Doppelerfolg«, der für mich den Durchbruch bedeutet: Mein Roman *Es muß nicht immer Kaviar sein* wird ein Bestseller, mein Theaterstück *Der Schulfreund,* das bei dem Dramatikerwettbewerb des Nationaltheaters Mannheim den Ersten Preis gewinnt, erobert alle großen deutschen Bühnen und alle ausländischen von Sydney bis Pilsen und von Oslo bis Johannesburg. Es wird (mit Rühmann) verfilmt und mit Rudolf Vogel für das Fernsehen eingerichtet. Von diesem Moment an »gehen« meine bisher erschienenen Bücher wie verrückt, ich bin plötzlich unabhängig – und werde schwerst krank. Ein Jahr muß ich pausieren. Danach entschließe ich mich, nur noch Romane und Theaterstücke zu schreiben. Journalismus ist eine glän-

zende Schule für jeden Schriftsteller, aber es kommt der Moment, an dem er mit dem Journalismus aufhören muß. Die Bücher, die ich nun – für *Droemer/ Knaur* – schreibe, werden internationale Bestseller und größtenteils verfilmt. Sie sind in 18 Sprachen übersetzt und haben bislang (Mai 1973) eine Weltgesamtauflage von über 8 Millionen. Während die deutsche Literaturkritik an mir herumnörgelt, mich verreißt und maßregelt, richtet z. B. die Universität von Boston in ihren Bibliotheken eine eigene »Johannes Mario Simmel Collection« ein. Hier werden alle meine Arbeitsunterlagen, Pläne, Manuskripte, Skizzen, unveröffentlichte Manuskripte etc. ebenso gesammelt wie alle Ausgaben meiner Bücher in allen 18 Sprachen. Germanistik-Studenten steht die »Collection« zur Verfügung. Nur in Deutschland sehe ich mich mit oft abwertender Kritik konfrontiert, sonst nirgends. Egal ob Frankreich oder die Türkei, ob USA oder die Tschechoslowakei – im Ausland sind die Kritiken immer positiv bis begeistert und überschwenglich, niemals gehässig und vor allem seriöser, fundierter und intelligenter.

1972 wird in Düsseldorf von der Buchhandlung Schütze + Wörmbke ein »Johannes Mario Simmel Fan Club« begründet – der erste solche Club für einen deutschen Schriftsteller.

Für einige meiner Filme erhielt ich Preise, so für »Robinson soll nicht sterben« mit Romy Schneider und Horst Buchholz. Ich erhalte zwischen 10 bis 15 Briefe täglich aus aller Welt. Menschen schreiben mir ihre Sorgen und Nöte, bitten um Rat. Die Korrespondenz ist kaum noch zu bewältigen.

Meine Romane sind zu mindestens 80 % wahr, der Rest ist Verschlüsselung. Und das kommt so. Die bereits erwähnten CIA-Agenten, Ost-Agenten, Ärzte, Anwälte etc., die ich in meiner Reporterzeit kennenlernte, rufen mich an, telegrafieren oder schreiben, wenn sie eine »story« für mich zu haben glauben. Ich fliege dann zu ihnen. Taugt die story, dann beginnt eine komplizierte Prozedur. (Die meisten stories sind zu gut, um geschrieben zu werden, es kommen aber immer neue.) Ich muß eidesstattliche Versicherungen abgeben, die reine Wahrheit zu verschweigen, damit Unschuldige nicht zu Schaden kommen und damit es keine Prozesse gibt. Ich muß ein 150-Seiten-Exposé meiner schon verschlüsselten Handlungsführung nach Tonbändern, Manuskripten etc. verfassen. Dieses wird dann von Anwälten (auch meinen) geprüft. Ist die Verschlüsselung endlich perfekt, werden die Originalunterlagen vernichtet oder in Banksafes verschlossen. Zum Recherchieren eines Romans brauche ich etwa ein halbes Jahr. Ein Tick aus meiner Reporterzeit: Stätten der Handlung, Zeiten und Orte müssen exakt stimmen. So bin ich ein halbes Jahr mit Tonbandgerät und Kamera unterwegs. Komme ich heim, beginne ich nach Sichtung des Materials zu schreiben. Ich arbeite dann täglich von 8–12 Uhr und von 14–17 Uhr. Das MS wird mehrere Male umgeschrieben, verbessert etc. Ich brauche für einen Roman etwa zwei Jahre Zeit. Die FAZ hat mich einen »demokratischen Gebrauchsschriftsteller« genannt. Diese Bezeichnung gefällt mir. Ich möchte ein Volksschriftsteller wie Hans Fallada sein. Meine Vorbilder: Fallada, Hemingway, Graham Greene, Somerset Maugham.

Meine Romane beschäftigen sich allesamt jeweils mit einem aktuellen Problem, z. B.: Immer wieder der Nazizeit und ihren Verbrechen (das einschneidendste Erlebnis meines Lebens, ich werde immer wieder darüber schreiben müssen), der im Stich gelassen Jugend, dem zweigeteilten Deutschland, der Manipulation durch Massenmedien wie Illustrierte, der tödlichen Gefahr neuer Waffen in einem neuen Krieg, dem mörderischen Kindergarten der internationalen Geheimdienste, dem Alkoholismus, den andauernden weltweiten Währungskrisen etc. etc. Ich habe es mir bei der Wahl meiner Themen nie leichtgemacht und immer über Dinge geschrieben, vor denen sich die meisten anderen Schriftsteller drückten.

Ich habe zweimal geheiratet und keine Kinder.

Hobbies: Schach, Pfeifen, Katzen, Lesen, Musik (klassische und moderne), Schwimmen, Zuhören, Reisen.

Albrecht Weber (1977, 11–14)

A 35   Welchen Eindruck macht auf Sie der von Simmel selbst verfaßte Lebenslauf? Warum ist er auf die deutsche Kritik so schlecht zu sprechen? Wie beurteilen Sie seine Behauptung, daß mindestens 80 % des Inhalts seiner Romane »wahr« seien?

M 9
Autoren von Trivialromanen

■ 24 Jahre, Redakteurin, Verfasserin von Frauenromanen. Anzahl der bis jetzt geschriebenen Romane: 16. Schreibt Romane im Nebenberuf. 1 Pseudonym.

Die 24jährige Redakteurin schreibt seit zweieinhalb Jahren. »Mich brachte ein Kollege, der bei einem Verlag Wildwestromane schreibt, ins Geschäft. Sicherlich schreibe ich nur nebenberuflich, weil ich mir dadurch etwas nebenbei verdienen kann. [. . .] Meine Manuskripte umfassen 360 000 bis 380 000 Schreibmaschinenanschläge, das sind etwa 180 Schreibmaschinenseiten, zweizeilig geschrieben.«

Frage: »Gehört das Pseudonym, unter dem Sie schreiben, Ihnen?«

Antwort: »Nein. Das Pseudonym gehört dem Verlag, aber ich habe vertraglich zugesichert bekommen, daß ich, solange ich für diesen Verlag schreibe, allein dieses Pseudonym beschreibe. Hat der Verlag die Absicht, das Manuskript eines anderen Verfassers unter diesem Pseudonym unterzubringen, so muß der Verlag vorher mein Einverständnis einholen.«

Frage: »Sind Sie vertraglich gebunden, innerhalb eines bestimmten Zeitraumes eine bestimmte Anzahl von Manuskripten abzuliefern?«

Antwort: »Ja. Ich liefere laut Vertrag augenblicklich jedes Vierteljahr ein Manuskript ab.«

Frage: »Bestimmt Ihr Verlag Inhalt, Titel und vielleicht auch Titelbild des von Ihnen zu schreibenden Romans?«

Antwort: »Über den Inhalt will der Verlag von mir vorher nur wissen, wie die Handlung verläuft, d. h. ich schicke ihm, schon ehe ich mit der Ausführung des Manuskriptes beginne, den Klappentext und mache etwa fünf bis sechs Titelvorschläge und auch Vorschläge für ein Titelbild. Meist wählt sich der Verlag einen der Titel aus. Er läßt auch nach meinen Angaben ein Titelbild zeichnen. Manchmal schlägt auch der Verlag mir einen Titel vor.«

Frage: »Wieviel Zeit benötigen Sie für die Fertigstellung eines Manuskriptes?«

Antwort: »Wenn ich in Form bin, etwa sechs Tage. Manchmal dauert es auch einen ganzen Monat. Präzis kann ich diese Frage nicht beantworten.« [. . .]

■ 35 Jahre, Schriftstellerin, akademisches Studium, Verfasserin von Frauen-romanen. Anzahl der bis jetzt geschriebenen Romane: etwa 170. Schreibt hauptberuflich. 3 Pseudonyme.

Frage: »Seit wann schreiben Sie?«

Antwort: »Seit 1950. 1950 im September habe ich mein erstes Buch veröffent-licht: ›Talisman der Treue‹. Zwei Monate später das zweite: ›Herz in Gefahr‹, und dann kamen ›Marietta‹, ›Irrtum im Spätherbst‹, ›Insel der tausend Wün-sche‹ . . .«

Frage: »Wie viele Bücher haben Sie geschrieben seit dem September 1950?«

Antwort: »Um Himmels willen, das weiß ich nicht. Ich führe schon lange keine Kartei mehr über meine Titel. Ich weiß es wirklich nicht. Ich könnte es nur schätzen.«

Frage: »Dann schätzen Sie bitte.«

Antwort: »Also, es werden 140 bis 150 Romane gewesen sein, ja soviel bestimmt.«

Einhundertfünfzig Romane in acht Jahren. [. . .] Das sind Jahr für Jahr etwa 18 Bücher, das ist monatlich mehr als ein Exemplar. Das ist ungeheuerlich. Jedes Buch, erzählt sie, hat 280 Seiten. Sie schreibt ihre Romane anderthalb-zeilig in die Maschine, je DIN-A4-Blatt 43 Zeilen. Das sind für jedes Buch etwa 150 Schreibmaschinenseiten. Das sind in acht Jahren 22 500 Seiten, das sind in dieser Zeit 967 500 Zeilen. . . . Wie sie denn schreibe, frage ich, ob sie eine Sekretärin habe oder ein Diktiergerät, das würde doch die Sache vereinfa-chen. Keine Sekretärin und kein Diktiergerät. [. . .] Sie sei, erzählt sie, mit modernen, flottgeschriebenen Frauenromanen gestartet, aber schon 1952, am Anfang dieses Jahres, erhielt sie den ersten Auftrag, einen Adelsroman zu schreiben.

Frage: »Hatten Sie Schwierigkeiten mit den Namen?«

Antwort: »Ja, bei den Adelsromanen, ja. Aber eine Freundin von mir besitzt einen reinrassigen Dackel mit Stammbaum. Sie glauben gar nicht, wie fündig so ein Hundestammbaum für die Adelsliteratur ist.«

Die Adelsperiode dauerte bis 1954, dann schrieb sie die ›Mutter-und-Kind-Reihe‹ (›Mein Leben für dich, mein Kind‹). Danach kam, wie sie sich ausdrückte die ›Klosterzeit‹, ich wisse schon, ›Geläutert als Nonne im Kloster‹ und so weiter. Heute wünschen ihre Auftraggeber den ›gemischten Roman‹, so von jedem etwas . . .

Frage: »Aber geht Ihnen bei 150 Romanen in diesem Genre nicht langsam die Puste aus?«

Antwort: »Nein.«

Und dann erhob sie sich, ging an ein Aktenregal, blätterte in einem Hefter und kam mit einem Blatt zurück: . . . Ich las: 1. 8. 1958 ›Die Liebe kam um 14 Uhr‹ (Titel). ›Armes junges Mädchen wird von einem reichen jungen Mann auf der Straße angefahren. Millionärssohn, sympathisch, aber leicht verlottert. Mädchen durch den Unfall gelähmt. Schock für den jungen Mann, liebt das Mädchen, pflegt sie, wird anständig, Mädchen häufig in Lebensgefahr, viel Tränen und Schmus usw.‹ Es waren die Titel- und Inhaltsangaben ihres Verlages. . . . Sie brauchte nicht mehr die Titel zu überlegen, nicht einmal den roten Faden. Beides wird ihr gratis ins Haus geliefert von dem Lektorat ihres Verlages. [. . .]

■ 43 Jahre, Lektor. Verfasser von Frauen-, Sitten- und Kriegsromanen. Anzahl der bis jetzt geschriebenen Romane: 91. 5 Pseudonyme.

»Ich bitte Sie! Ich schreibe keine Trivialromane. Was ich schreibe, gehört zur Volksliteratur! Ich weiß genau, daß diese Intellektuellen darüber lächeln, aber es ist so. Stellen Sie doch mal ›Exodus‹ oder ›Dr. Schiwago‹ in die Leihbücherei und sehen Sie nach, wie oft diese Bücher ausgeliehen werden. In meinen Romanen gibt es genausoviel Probleme wie in den anderen geistigen Romanen. Nur eben – meine sind volksnah. Und meine Leser haben genau solche Probleme, auf einer anderen Ebene selbstverständlich. Ich muß schreiben. Vielleicht sind die Probleme in meinen Büchern meine eigenen. Ich gehöre auch zum Volk.« *Walter Nutz (1962, S. 88; S. 90/91; S. 95)*

A 36 Wodurch unterscheiden sich diese Autoren von J. M. Simmel oder von der Courths-Mahler?
Auf welche Art und Weise werden hier Romane geschrieben?
Wie beurteilen Sie eine solche Autorschaft?

Materialien und Arbeitsvorschläge: Zur Wirkung

Abgrenzung und Wertung

A 37 G Sammeln Sie weitere Begriffe und Bezeichnungen für die Trivialliteratur und diskutieren Sie diese.
Welche ursprüngliche Bedeutung hatte das Wort »trivial«? Schlagen Sie dazu im etymologischen Wörterbuch (z. B. des Dudens) nach.

A 38 G Trivialliteratur – Hochliteratur (Dichtung)
Diskutieren Sie Abgrenzungs- und Wertungsprobleme.

M 10 H. Seidler versucht in W. Kaysers (Hrsg.) »Kleinem lit. Lexikon« das Problem der Wertung so zu erfassen: »1. Der Weg zum Wert geht überhaupt nur über das unmittelbare Werterleben, die konkrete persönliche Werterfahrung. Das Gefühl ist entscheidend, und zwar in zweifacher Hinsicht: es ist ein Erleben des Seinsollens und eine bestimmte Erfahrung von Kraft und Tiefe damit verbunden. Was am Gegenstand dieses Erleben auslöst, ist der Wert, der Gegenstand als Wertträger, daher ein Gut. [. . .] Nicht die Majorität der Werterlebenden ist entscheidend, denn es gibt auch Wertblindheit. Maßgebend ist die innere Erfahrung des wesenhaften Menschen. Aber Wertempfänglichkeit kann gebildet werden. 2. Die theoretische Bemühung um die Bedingungen für den Wert einer Dichtung, um die Art des Wertes usw. ist die Wertung. [. . .] Voraussetzung fürs Werten ist vor allem, die Beschaffenheit des Wertträgers genau zu umschreiben. Dann erst sind grundlegende Maßstäbe zu errichten: etwa die Unterscheidung von gut und schlecht, von schön und häßlich (wobei diese Merkmale nur die künstlerische Gestaltung, nicht das Gestaltete betreffen), von echt und unecht, tief und flach.«

Wolfgang Kayser (1963, 245)

A 39 1. Worin sieht H. Seidler die wesentlichen Momente der Wertung eines literarischen Kunstwerkes?
2. Wer kommt nach Seidler für die Wertung eines lit. Kunstwerkes infrage?
3. Seidler spricht vom »wesenhaften Menschen«. Warum ist es problematisch, die literarischen Wertung nur einem solchen Menschen überlassen zu wollen?

A 40 Worin sehen Sie persönlich den Wert einer literarischen Produktion begründet (Diskussion)?

M 11 Die Art und Weise, in der ein literarisches Werk im historischen Augenblick seines Erscheinens die Erwartungen seines ersten Publikums einlöst, übertrifft, enttäuscht oder widerlegt, gibt offensichtlich ein Kriterium für die Bestimmung seines ästhetischen Wertes her. Die Distanz zwischen Erwartungshorizont und Werk, zwischen dem schon Vertrauten der bisherigen ästhetischen Erfahrung und dem mit der Aufnahme des neuen Werkes geforderten »Horizontwandel«, bestimmt rezeptionsästhetisch den Kunstcharakter eines literarischen Werks: in dem Maße wie sich diese Distanz verringert, dem rezipierenden Bewußtsein keine Umwendung auf den Horizont noch unbekannter Erfahrung abverlangt wird, nähert sich das Werk dem Bereich der »kulinarischen« oder Unterhaltungskunst. Die letztere läßt sich rezeptionsästhetisch dadurch charakterisieren, daß sie keinen Horizontwandel erfordert, sondern Erwartungen, die eine herrschende Geschmacksrichtung vorzeichnet, geradezu erfüllt, indem sie das Verlangen nach der Reproduktion des gewohnten Schönen befriedigt, vertraute Empfindungen bestätigt, Wunschvorstellungen sanktioniert, unalltägliche Erfahrungen als ›Sensation‹ genießbar macht oder auch moralische Probleme aufwirft, aber nur, um sie als schon vorentschiedene Fragen im erbaulichen Sinne zu ›lösen‹. Wenn umgekehrt der Kunstcharakter eines Werkes an der ästhetischen Distanz zu bemessen ist, in der es der Erwartung seines ersten Publikums entgegentritt, so folgt daraus, daß diese Distanz, die zunächst als neue Sehweise beglückend oder auch befremdlich erfahren wird, für spätere Leser in dem Maße verschwinden kann, wie die ursprüngliche Negativität des Werkes zur Selbstverständlichkeit geworden und selbst als nunmehr vertraute Erwartung in den Horizont künftiger ästhetischer Erfahrung eingegangen ist. Unter diesen zweiten Horizontwandel fällt insbesondere die Klassizität der sogenannten Meisterwerke; ihre selbstverständlich gewordene schöne Form und ihr scheinbar fragloser ›ewiger Sinn‹ bringen sie rezeptionsästhetisch in die gefährliche Nähe der widerstandslos überzeugenden und genießbaren ›kulinarischen‹ Kunst, so daß es der besonderen Anstrengung bedarf, sie ›gegen den Strich‹ der eingewöhnten Erfahrung zu lesen, um ihres Kunstcharakters wieder ansichtig zu werden.

Hans Robert Jauß (1973, S. 177/78)

A* 41 1. Worin sieht Jauß den Kunstcharakter eines literarischen Werkes begründet?
2. Wer entscheidet nach Jauß über den Kunstcharakter eines literarischen Werkes?
3. Welche Probleme ergeben sich aus einer solchen Bestimmung des Kunstcharakters eines literarischen Werkes?

A* 42 Diskutieren Sie Ihnen bekannte Werkrezeptionen aus der Literatur, bei denen besonders der »Erwartungshorizont« des Publikums enttäuscht wurde. Benutzen Sie evtl. dazu eine Literaturgeschichte.

A* 43 Vergleichen Sie die Auffassung über den Wertcharakter von Literatur von Jauß mit der von H. Seidler (M 10).

M 12

»Wertvolle« und »minderwertige« Literatur

Eine handfeste Beobachtung, die sich als gemeinsame Basis für Theorien über »minderwertige« Literatur anbietet, ist die, daß sich ihre Erzeuger den Erwartungen eines großen Publikums anbequemen. Sie lesen ihm seine Wünsche gleichsam von den Augen ab. Während Hochliteratur, sofern sich überhaupt ein Adressat ermitteln läßt, einem esoterischen Leserkreis zugedacht ist, paßt sich die »minderwertige« bestimmten Massenbedürfnissen so bereitwillig an, daß W. Nutz für sie den Terminus »Konformliteratur« vorschlagen konnte[1]. Um welche Bedürfnisse handelt es sich? Der Leser möchte sich im Buch selbst wiederfinden, wenn auch, wie Robert Prutz schon vor 130 Jahren beobachtet hat, »in verklärter Gestalt, in abenteuerlicher Verkleidung«[2]. Lebensdurst und Glückshunger des Lesers suchen nach Nahrung. Das Buch ist eine Art Leitfaden für seine Tagträume. Was das wirkliche Leben verweigert, gewährt die Scheinwelt der »minderwertigen« Literatur. Für eine Gruppe von – meist männlichen – Lesern ist diese kompensatorische Welt eine ferne und gefährliche, »in welcher er nach Herzenslust Übermensch sein und Schicksal erleben darf, zugleich jedoch als zynischer Zuschauer dem gnadenlosen Ablauf der Ereignisse sich entziehen kann«[3]. Andere, meist weibliche Leser suchen die nestwarme Nähe eines bürgerlichen Glücks, in dem sich Tugenden wie Anständigkeit, Fleiß und Treue auszahlen. Auf den ersten Blick scheinen die beiden Buchwelten einander entgegengesetzt, aber eine genauere Betrachtung deckt viele Gemeinsamkeiten auf.
In beiden Fällen finden sich die Leser jeweils in ihren Erwartungen und Wünschen, in ihren »Glücks-, Potenz- und Aufstiegsträumen«[4] bestätigt. Formal läßt sich das an der Ähnlichkeit ablesen, die die Produkte einer Gattung oft einander gleichen läßt wie ein Ei dem anderen. Das »Rekognitionsbedürfnis« des Lesers[5] bezieht sich ebenso auf die Formen wie auf die Inhalte. Auch der Kriminalroman, der mit einer begrenzteren, intellektuell anspruchsvolleren Leserschaft zu rechnen scheint, ist so sehr normiert, daß die jeweiligen kleinen Abweichungen offenbar das sind, was seinen Reiz ausmacht. Die Welten, in die der Leser geführt wird, mögen abenteuerlich und reich an Unwahrscheinlichkeiten sein, sie geben ihm doch das Gefühl der Sicherheit und Geborgenheit. Ihre Eindeutigkeit macht es ihm nämlich leicht, sich darin zurechtzufinden. Das Gute und das Böse sind klar geschieden und schon an äußeren Merkmalen ihrer Repräsentanten kenntlich. Geliefert werden das Wunschbild, mit dem man sich identifizieren oder das man sich als Partner erträumen darf, aber auch der Sündenbock, der die geheimen Ressentiments und Aggressionen auf sich zieht, sie sich abreagieren zu zugleich neu aufladen läßt. Alles Komplexe und Widersprüchliche im Menschen ist auf wohltuende Weise aufgelöst. Ebenso ist es mit der dargestellten Gesellschaft. Hier waltet keine Geschichtlichkeit, kein schwer überschaubares Geflecht

sozialer Spannungen und Konflikte, sondern ein naturhaftes Schicksal fällt seine klaren Entscheidungen[6]. Der erwartete, für den Helden glückliche Ausgang ist garantiert. Neue Erfahrungen, die Nötigung zum Umlernen, braucht der Leser dieser Lektüre nicht zu befürchten. [. . .]

Inwiefern aber ist das Opfer der »minderwertigen« Literatur phantasielos, wenn es andererseits heißt, daß sie ihm Tagträume der Selbstbestätigung und Wunscherfüllung beschert? Offenbar gibt es im Menschen einen Raum, der ebenso mit diesen Surrogaten eines erfüllten Lebens besetzt werden kann wie mit den Impulsen der kreativen Phantasie, wie sie die Welt braucht, um besser zu werden. Beiden gemeinsam ist ihre kompensatorische Funktion. Wie Sigmund Freud gelehrt hat, daß die Träume dem Schläfer nachzuliefern haben, was der Wachende nicht bewältigt hat, so haben viele Ästhetiker jeder Kunst eine therapeutische Kraft zugeschrieben, die das irdische Elend ertragen hilft. Und es scheint gerade die »minderwertige« Literatur zu sein, die es dem »durch seinen Lebensgang eingeschränkten Menschen« vergönnt, Lebensmöglichkeiten, die er selber nicht realisieren kann, durchzuerleben«[7].

Unter diesem Aspekt verwischen sich die Grenzen zwischen hoch- und minderwertiger Literatur, zwischen Kunst und Kitsch. Auch »Weltliteratur« läßt sich so konsumieren, daß sie den Leser Luftschlösser bauen läßt, seine Nerven reizt, seine Vorurteile bestätigt. Derselbe Leser kann zu verschiedenen Zeiten, in verschiedenen Lesesituationen dasselbe Buch als Kunstwerk und als Stimulus aufnehmen. »Auch ein Kunstwerk oder eine Landschaft können Kitschmedium sein. Die Geschichte des Kitsches ist die seines Publikums«[8]. Hoch- und Minderwertigkeit scheinen sich als Attribute der jeweiligen Rezeption zu enthüllen, nicht ihrer Objekte. Doch es gibt eine Tatsache, die es verhindert, daß sich nun alle Maßstäbe relativieren: das »minderwertige« Produkt wird durch »hochwertige«, nämlich kritisch distanzierte Rezeption nicht etwa in seinem Wert erhöht, sondern in seiner ästhetischen und politisch-sozialen Fragwürdigkeit erkannt.

Immerhin hat der Blick auf die Ambivalenz des Lesens gezeigt, daß die vorher zitierten Urteile über »minderwertige« Literatur noch nicht das letzte Wort sein dürfen. Das Problem muß in der Schwebe bleiben. Der Kitsch hat Verteidiger und Fürsprecher, darunter Volksbibliothekare mit langer Berufserfahrung, die ihn für einen »kulturellen Übergangswert« halten[9]. Sie weisen mit Statistiken nach, daß man sich »emporlesen« kann, daß der Heftchenleser eher in die Buchhandlung findet als der Nicht-Leser (Glotz und die dort zitierte Literatur)[10]. Ein so fragwürdiger Leseantrieb wie kleinbürgerliches Prestigebedürfnis – man möchte mitreden können – kann unter Umständen den Weg zur Hochliteratur bahnen. Viele Menschen lesen gleichzeitig auf verschiedenen Anspruchsebenen, ohne deswegen abwechselnd kultivierte Demokraten und faschistoide Spießer zu sein. Auch ist die »minderwertige« Literatur selber bestrebt, die Grenze zu höheren offenzuhalten. Historisch gesehen, ist sie oft deren Abkömmling, sie bewohnt »das von der Kunst schon eroberte, gesicherte

Terrain«[11]. Eines der Hauptmerkmale des Kitsches ist bekanntlich die wahllose Häufung ästhetischer Reize; sie zeigt dessen Bestreben, der anerkannten Kunst nachzueifern[12]. Der Leser findet in »minderwertiger« Literatur fast immer »leichte Bildungsfracht«, die ihm »das Gefühl möglichen Aufstiegs« vermittelt. Die Hersteller geben ihre Ware gern als zeitgenössische »Volksdichtung« aus, weil sie deren Wertschätzung durch die Kulturträger kennen. Und die Elite nimmt das »Minderwertige« begierig in Empfang, sobald es, wie zur Zeit alte Küchenlieder und Vampirromane, in einer Weise (Buchreihen usw.) vermittelt wird, welche die Zugehörigkeit des Konsumenten zur Elite nicht in Frage stellt. Offenbar läßt sich »minderwertige« Literatur nicht nur als Gegenpol, sondern auch als Vorhalle und Umfeld der »hochwertigen« begreifen, ganz abgesehen davon, daß die Dichotomie ohnehin eine grobe, durch die Kürze der Darstellung erzwungene Vereinfachung ist.

[1] Nutz, Walter: Der Trivialroman, Köln 1962, S. 48

[2] Burger, Heinz Otto (Hrsg.): Studien zur Trivialliteratur, Frankfurt 1968, S. 128

[3] Michel, Karl Markus: Zur Naturgeschichte der Bildung, in: Schmid Henkel u. a. (Hrsg.): Trivialliteratur, Berlin 1964, S. 11

[4] Wellershoff, Dieter: Der Kompetenzzweifel der Schriftsteller, in: Merkur, 24. Jg. 1970, S. 723–735, Zitat S. 733

[5] Schenda, Rudolf: Volk ohne Buch, Frankfurt/M. 1970, S. 412

[6] Bausinger, Hermann: Zur Kontinuität und Geschichtlichkeit trivialer Literatur, in: Festschrift für Hans Ziegler, Tübingen 1968, S. 385–410, Zitat S. 394

[7] Dilthey, Wilhelm: Das Erlebnis und die Dichtung, Göttingen 14. Aufl. 1965, S. 125

[8] Michel, Karl Markus: Gefühl als Ware, in: Neue Deutsche Hefte, 6. Jg. 1959/60, S. 31–48, Zitat S. 33

[9] Ackerknecht, Erwin: Kitsch als kultureller Übergangswert, Bremen 1950

[10] Glotz, Peter: Massenkultur, Literatur und Gesellschaft, in: Bertelsmann Briefe, 1968, Heft 60, S. 23–29

[11] Hentig, Hartmut von: Spielraum und Ernstfall, in: Frankfurter Hefte, 22. Jg. 1967, S. 187–204, Zitat S. 200

[12] Beylin, Pawel: Der Kitsch als ästhetische und außerästhetische Erscheinung, in: Jauß, Hans Robert (Hrsg.): Die nicht mehr schönen Künste, München 1967, S. 393–406

Friedrich Hassenstein (1972, 401–405)

A 44 G 1. Welche Funktion hat nach Hassenstein die Trivialliteratur?
2. Auch die wertvolle Literatur läßt sich nach Hassenstein kulinarisch konsumieren. (Vgl. Sie damit die Auffassung von Jauß!) So gerät »hochwertige« Literatur in die Nähe der »minderwertigen«. Welche Gründe führt er dafür an, daß dies wohl nicht ganz der Fall ist?
3. Warum lehnt Hassenstein die Zweiteilung der Literatur in »minderwertige« und »hochwertige« Literatur ab? Welche Argumente führt er dafür an?

M 13   *Auflagenhöhen und Wirkungsvergleiche [Simmel]*

Die Daten der Verlage von Ende November 1976 ergeben annähernd 30 Millionen Gesamtauflage, wozu offensichtlich noch die Zahlen für Übersetzungen kommen. Die Jahresabschlußinventur dürfte vermutlich die Auflage nochmals höher anschreiben*. Dabei wurde die Multiplikation der Wirkung durch Filme und Fernsehsendungen – darauf wurde bereits hingewiesen – noch gar nicht einbezogen. Sie ist schwer zu erfassen. Man darf vermuten, daß die publizistischen Medien – einschließlich der Vor- oder Wiederabdrucke in Zeitschriften und Zeitungen – die Leser-/Hörerzahl, die Zahl der Kenner der Marke Simmel und der Simmel-Modelle, verdoppeln bis verdreifachen. Dazu kommt die Überlegung, daß ein verkaufter Simmelband nicht immer von nur einem Leser gelesen wird, daß andererseits ein Simmel-Leser oder Simmel-Fan meist mehr als einen Simmel kauft und besitzt.

Die folgende Auflagenstatistik bedarf einer Interpretation dahin, daß Bekanntheitsgrad und Wirkung Simmels die Daten bei weitem übertreffen, wohl um ein Mehrfaches, daß diese Positiva aber immerhin Ansatzpunkte für Vergleiche abgeben.

Erörtert man die Wirkung von Heinrich *Böll* anhand der Gesamtauflage von ca. 16 Millionen etwa in derselben Zeit seit 1947, müssen gegenüber Simmel die im Schnitt kaum halb so starken Volumina bedacht werden. Zudem erschienen viele Kurzgeschichten Bölls in verschiedenen Kombinationen in verschie-

---

* Laut Mitteilung der Rechtsanwälte von J. M. Simmel wurde das Werk Simmels bereits in 26 Sprachen übersetzt; die Weltgesamtauflage beträgt im Februar 1982 über 50 Mill.

denen Taschenbuchausgaben. Die Textmenge, die Böll verbreitet hat, dürfte kaum die Hälfte der Simmels ausmachen, wohl auch die Zahl der Leser. Ob Böll variantenreicher schreibt als Simmel, mag hier dahingestellt bleiben. Auch er bewegt sich innerhalb begrenzter Grundmuster. Der persönliche Bekanntheitsgrad Bölls jedoch dürfte aufgrund der Verleihung des Nobelpreises 1972 und der laufenden publizistischen Auftritte (PEN-Präsident, Wählerinitiativen, Show-Diskussionen usw.) den Simmels weit übertreffen, die Wirkungen einander nahekommen, obwohl weniger Böll verfilmt wurde als Simmel und Böll-Verfilmungen offensichtlich kürzere Laufzeiten in den Kinos haben. Aber Böll ist in den Schulen rezipiert, Kurzgeschichten Bölls stehen in jedem Lesebuch, Interpretationen zu Kurzgeschichten Bölls gehören auf ihrem Gebiet seit einem Jahrzehnt zu Bestsellern oder Dauerbrennern. (Böll wetterte – 1964 – gegen Lesebücher auch noch, als er darin schon rezipiert war.) Romane Bölls werden auf der Kollegstufe seit langem selbstverständlich gelesen.
Bisher fiel es allerdings niemandem ein, Böll wegen seiner Riesenauflagen und unabschätzbaren öffentlichen Wirkung einen Trivialautor zu nennen, als ob ein so erfolgreicher Autor eben nur trivial sein könne. Wäre Erfolg ein Kriterium für Trivialität, dann allerdings müßte Böll recht sein, was Simmel (nicht) lieb ist. (Ich selbst habe auch auf triviale Elemente in »Gruppenbild mit Dame« hingewiesen.) Wirkung ist nicht gleich Auflagenhöhe. Insofern dürfte Simmels Wirkung überschätzt werden.
Bemüht man anno 1975, dem 100. Geburtsjahr Thomas Manns und Rilkes, einmal nicht einen der beiden, sondern 1977 Hermann Hesse (1877–1962), dessen Hundertjähriger unmittelbar bevorsteht, Nobelpreisträger wie Mann und Böll, immerhin 85 Jahre alt geworden, erfolgreich und wirksam seit 1899, zumindest seit dem »Peter Camenzind« 1904, dann konnte man, trotz der Hesse-Renaissance des letzten Jahrzehnts vor allem in den USA, bei Erscheinen der Werkausgabe 1970 die Gesamtauflage auf 8 bis 10 Millionen veranschlagen. Gewiß ein gewaltiger schriftstellerischer Erfolg.
Aber: in einer nicht halb so langen Arbeitsperiode (1947–1975) erreichte Simmel eine doppelt so hohe Gesamtauflage. Auszurechnen, wieviel Simmel noch produzieren und verkaufen würde, bis er 85 Jahre alt wäre, also in weiteren 30 arbeitsreichen Schriftstellerjahren bis anno 2009, eignete sich vielleicht für Textaufgaben in Mathematik oder für ein Futurologie-Projekt, das Zukunft ganz sicher in den Griff nimmt. Die Spekulation ist unangemessen; sie setzt lediglich die gewaltige Wirkung Hesses zu der Simmels in Vergleich, wobei die geringere Verbreitung Hesses offensichtlich schon wieder weniger bereit macht, an Trivialität zu denken. Spekulationen der Art sind unangemessen; denn Literaturwissenschaft und Literaturdidaktik haben es weniger mit Prognosen und Prophezeiungen zu tun, sondern mit geschriebener und erschienener Literatur, mit historischen Situationen von einst und jetzt, mit Hermeneutik, die Zukunft als Utopie offenläßt. Auch Literaturhistoriker sind nach rückwärts gewandte Propheten.

Ent-stehungs-Erschei-nungsjahr	Titel	Verfilmt (F) Fernsehp. (TV)	Seiten-umfang		Ende 1976 Auflage in 1000		
			L	Tb	L	Tb	Ges.
1947	*Begegnung im Nebel* Roman	F	118		740	350	1090
1949	*Mich wundert, daß ich so fröhlich bin* Roman	TV (DDR)	254		1200	440	1640
1950	*Das geheime Brot* Roman		186		950	408	1358
1950	*Weinen (ist) streng verboten*		c. 120		c. 50		50
1951	*Ein Autobus groß wie die Welt*		144		50		50
1952	*Meine Mutter darf es nie erfahren*		144		50		50
1953	*Ich gestehe alles* Roman		302		1650	705	2355
1957	*Gott schützt die Liebenden* Roman	F	238		1700	667	2367
1958	*Affäre Nina B.* Roman	F	262		1970	505	2475
1959	*Der Schulfreund* Schauspiel	F, TV	126			188	188
1960	*Es muß nicht immer Kaviar sein* Roman	F	550		2100	1040	3140
1961	*Bis zur bitteren Neige* Roman	F	570		836	725	1561
1963	*Liebe ist nur ein Wort* Roman	F	544		1232	808	2040
1965	*Lieb Vaterland, magst ruhig sein* Roman	F	599		1297	519	1816
1967	*Alle Menschen werden Brüder* Roman	F	600		1003	549	1552
1970	*Und Jimmy ging zum Regenbogen* Roman	F		736	1962	1113	3075
1971	*Der Stoff, aus dem die Träume sind* Roman	F		720	2085	104	2189
1973	*Die Antwort kennt nur der Wind* Roman	F		616	2052		2052
1975	*Niemand ist eine Insel* Roman			731	330		330

Die Zahlen beruhen auf Angaben des Zsolnay-Verlages Wien (Brief vom 9. 12. 1976), des Rowohlt Verlages Reinbek bei Hamburg (Brief vom 9. 12. 1976) und des Verlages Droemer München (Brief vom 14. 11. 1976 und Ferngespräch vom 29. 11. 1976). (Nicht eingerechnet ist die Taschenbuch-Lizenzausgabe in den USA von »Und Jimmy ging zum Regenbogen« mit ca. 1000).

Albrecht Weber (1977, 71–74)

A 45   Simmel – Böll/Hesse: Stellen Sie Unterschiede und Gemeinsamkeiten (in Bezug auf Wirkung, Auflagenhöhe und Leser) fest.
Worin sehen Sie die weite Verbreitung der Romane Simmels begründet?

Produktion und Rezeption

M 14

Gustav Lübbe [Besitzer des Bastei Verlages]:
»Der Mensch hat ein Recht darauf, unterhalten zu werden!«

»Der Alltag«, sagt Max Frisch, »ist nur durch Wunder erträglich«. Und Henry de Montherlant ergänzt: »Raube dem Durchschnittsmenschen die Illusionen, und du hast ihn seines Glücks beraubt«.

»Wenn das gilt, und ich glaube, daß es so ist«, meint dazu Gustav Lübbe, »dann gilt das gewiß auch umgekehrt: Gönne dem Menschen auch seine Traumwelt, und du gibst ihm Glück. Unter anderem arbeite ich für dieses Recht der Leser. Erfreue den Menschen, ist ein Teilkonzept meiner verlegerischen Arbeit.« So pflegt der Bastei-Verlag die gute und spannende Unterhaltung mit Berg-, Arzt-, Liebes- und Schicksalsromanen, mit Krimis, Western und Science Fiction; die liebenswert-heitere Comic-Lektüre für den jugendlichen Leser; den anregenden Denksport mit Rätselzeitschriften, die zum Teil durch Spezialjournale ergänzt sind. Zwei Zeitschriften mit Unterhaltung und Information für die ganze Familie kommen hinzu: Wöchentlich »Das Goldene Blatt« und monatlich »Die Goldene Gesundheit«. Der Bastei-Verlag hat 6 selbständige Redaktionen mit 80 für die verschiedenen Gebiete spezialisierten Mitarbeitern. Sie gestalten in enger Zusammenarbeit mit der grafischen Abteilung des Hauses, mit über 500 Autoren, Grafikern, Fotografen, Zeichnern, Szenario-Schreibern und Agenturen in aller Welt die Taschenbücher, Alben und Hefte.

A 46 1. Welche Aufgabe weist G. Lübbe, der Verleger der Basteiromane, dem Trivialroman zu?
2. Weshalb werden Max Frisch und Henry de Montherlant zitiert?

A 47 G Diskutieren Sie das Recht des Menschen auf Unterhaltung und vergleichen Sie Ihre Meinung mit der Gustav Lübbes.

M 15

»Wild sei der Westen der Phantasie«

Im Wilden Westen was Neues – jede Woche neu aus dem Bastei-Verlag. Jede Woche satteln in Deutschland Hunderttausende von Männern jeden Alters das Pferd ihrer Phantasie, lassen die Zügel schießen und galoppieren aus dem Alltag hinaus durch Indianergebiete und die Weiten des Wilden Westens in das Land, wo Männer noch Männer sind. Jede Woche kaufen Hunderttausende von Lesern jeden Alters die Western-Romane mit der Bastei-Zinne. Weit über der Hundert-Millionen-Grenze liegt die Gesamtauflage der 10 Bastei-Western-Serien. Könige in diesem Reich der Phantasie sind Bestseller-Autor G. F. Unger (Weltauflage seiner Titel inzwischen über 80 Millionen Exemplare) und der amerikanische Erfolgsautor Jack Slade, der mit »Lassiter« einen ganz neuen Typus des Westernhelden schuf.

Einige der beliebtesten Reihen-Titel: »Cimarron«, »Lassiter«, »Santana«, »Rauchende Colts«, »G. F. Unger«.

M 16
»Mit der Spannung zur Entspannung«

Die Lage war ausweglos. Sie hatten ihn von allen Seiten eingekreist. Er schaute sich verzweifelt um . . .

Das war die wirtschaftliche Situation von Verleger Gustav Lübbe in den Anfangszeiten des Bastei-Verlages. Aber, wie im Krimi, kam einer der Retter in letzter Sekunde. Sein Name: Jerry Cotton. Der G-man für Gesetz und Ordnung, der ewig jung bleibt, dessen Mut und Unerschrockenheit zum Symbol der modernen Gattung des Action-Romans geworden ist. Jerry Cotton ist der Held, dem keine Konkurrenz aus fremden Verlagen etwas anhaben kann. Er ist in 20 Jahren mit über 250 Millionen Gesamtauflage aller bisher erschienenen Titel zur erfolgreichsten Kriminalserie Europas geworden: Denn Jerry Cotton bringt die Spannung, die millionenfach entspannt. Insgesamt 10 Kriminalserien kommen heute auf den Spuren des Erfolgs von Jerry Cotton aus dem Bastei-Verlag: »Jerry Cotton«, »Kojak«, »John Cameron«, »Gespenster-Krimi«, »Professor Zamorra«, »John Sinclair«, »Shell Scott«, »Der Kommissar«, »Karwenna«, »Bastei-Lübbe-Krimi«, »Fernseh-Krimi«.

M 17
»Liebe ist die Poesie der Sinne«

Liebe ist die Poesie der Sinne – und diese Poesie schreiben die Autoren des Bastei-Verlages.

Da ist der Markenartikel unter den Liebes-Romanen, der »Silvia«-Roman mit vier Ausgaben pro Woche. Bei den Arzt-Romanen am beliebtesten: »Dr. Stefan Frank«. Für einen neuen Roman-Typus stehen die »Schwestern-Romane« mit ihren nicht nur traditionellen, sondern auch exotischen Schauplätzen. Bei den Berg- und Heimat-Romanen folgt die Reihe »Hans Ernst« den Spuren Ludwig Ganghofers im Wechsel der Schilderung menschlicher Schicksale und zauberhafter Naturpoesie. Da sind die Fürsten-Romane, und da ist immer noch – oder schon wieder – die legendäre Hedwig Courths-Mahler: 160 Titel, deren Rechte der Bastei-Verlag erwarb, werden jetzt schon in 2. Auflage veröffentlicht und erreichten eine Gesamtauflage von 12 Millionen-Exemplaren. 35 Titel erscheinen als Bastei-Lübbe-Taschenbuch, darunter die vom Fernsehen verfilmten »Eine ungeliebte Frau« und »Griseldis«. Eindrucksvolle Titel- und Auflagenzahlen gelten auch für die humorvollbeschwingten Romane von Friede Birkner, der berühmten Tochter der Courths-Mahler: Über 200 Romane werden in der Bastei-Reihe, die ihren Namen trägt, veröffentlicht (Gesamtauflage rund 8 Millionen Exemplare), ergänzt durch Bastei-Lübbe-Taschenbücher.

A 47 Vergleichen Sie die drei Werbetexte für Bastei-Wildwest, Bastei-Kriminal- und Bastei-Liebesromane.
Wie hoch sind die Auflagen? Worauf ist der Verlag besonders stolz? Mit welchen verschiedenen sprachlichen Mitteln wird jeweils der Gattung entsprechend geworben?

A 48 Welche Funktion haben die folgenden Slogans?
»Wild sei der Westen der Phantasie«
»Mit der Spannung zur Entspannung«
»Liebe ist die Poesie der Sinne«

A 49 Welche Absicht (Intention) läßt sich aus diesen Werbetexten erschließen (Diskussion)?

A 50 G Hat sich Ihre Einstellung zu dieser Textsorte durch die Beschäftigung mit ihr in diesem Heft geändert? (Ziehen Sie dazu auch Ihre Notizen auf S. 42 heran.)
Was würden Sie einem Freund, der ein begeisterter Anhänger dieser Literatur ist, sagen?

Text- und Quellenverzeichnis

Primärliteratur

Bauer, Monika: Wie roter Mohn flammte ihre Liebe. (T 1)
Kelter V. Nr. 36.
Behrend, Leni: Müde gekämpft. (T 4)
Kelter V. Nr. 31.
Birkmoser, Hanni: Vom Vaterhof gewiesen. (T 7)
Zauberkreis V. Nr. 98.
Courths-Mahler, Hedwig: Helen Jungs Liebe. (T 5)
Bastei V. Nr. 40.
De Fries, Gisela: Das Laster kam im Schafspelz. (T 9)
Zauberkreis V. Nr. 106.
Hallock, Will: Die Bastion am Atlantik. (T 14)
Der Landser. Pabel V. Nr. 981.
Kastell, Katrin: Dr. Holl und die Sängerin. (T 6)
Bastei V. Nr. 392.
Kneifel, Hans: Der Fremde von Catron. (T 11, 12)
Perry Rhodan. Pabel V. Nr. 637.
Korten, Aliza: Wer mein Papi wird, bestimme ich! (T 8)
Kelter V. Nr. 581.
Laredo, Kid: Reite – oder morgen bist du tot. (T 10)
Bastei V. Nr. 66.
Maler, Senta: Als Diebin gebrandmarkt. (T 2)
Kelter V. Nr. 112.
Nemis, F.: Bis zum letzten Mann. (T 13, T 15)
Erlebnisberichte zur Geschichte des Zweiten Weltkrieges.
Der Landser. Pabel V. Nr. 965.
Nowarra, Heinz J.: Luftkampf über dem Balkan. (T 16)
Der Landser. Pabel V. Nr. 417.
Weiden, Annelie: Du bist der Mann meiner Schwester. (T 3)
Marken V. Nr. 1240.

Sekundärliteratur

Bornemann, H.: Die Herrin im Traumreich.
Hör zu 1978, (M 7).
Braack, I.: Poetik in Stichworten.
Kiel 1972[4], (M 5).
Fügen, H. N. (Hrsg.): Wege der Literatursoziologie.
Neuwied und Berlin 1968, (M 2).
Hassenstein, F.: »Minderwertige« Literatur im Deutschunterricht.
In: Wolfrum, E. (Hrsg.): Taschenbuch des Deutschunterrichts.
Baltmannsweiler 1972, (M 12).
Jauß, H. R.: Literaturgeschichte als Provokation.
Frankfurt/M. 1973[3], (M 11).
Kayser, W. (Hrsg.): Kleines literarisches Lexikon.
Bern 1963[3], (M 10).
Killy, W.: Deutscher Kitsch.
Göttingen 1970[6], (M 6).
Nutz, W.: Der Trivialroman. Seine Formen und Hersteller.
Köln 1962, (M 9).

Schuster, K.: Konflikte bewältigen – Möglichkeiten des Deutschunterrichts.
In: Diskussion Deutsch, Heft 36, 1977, S. 407–418, (M 3).
Weber, A.: Das Phänomen Simmel.
Freiburg 1977, (M 8, M 13).
Wellershof, D.: Literatur und Veränderung.
Versuch einer Metakritik der Literatur.
Köln und Berlin 1969, (M 4).

Weiterführende Literatur

(In Auswahl)

Bayer, D.: Der triviale Familien- und Liebesroman im 20. Jh. Tübingen 1963
Bürger, Ch. (Hrsg.): Zeitgenössische Unterhaltungsliteratur. Frankfurt 1974
Burger, H.-O. (Hrsg.): Studien zur Trivialliteratur. Frankfurt 1968
Durzak, M.: Der Kitsch – seine verschiedenen Aspekte. In: Der Deutschunterricht 19, 1967, H. 1
Gerth, K.: Die abenteuerliche Flucht der unglücklichen Komteß – oder: Was haben wir an der Trivialliteratur? In: Bertelsmann Briefe Nr. 60, 1968
Giesz, L.: Phänomenologie des Kitsches. München 1971²
Hoppe, O.: Triviale Lektüre. Publizistische und sozialpsychologische Überlegungen zur Trivialliteratur. In: Linguistik und Didaktik, 4. Jg., 1973, H. 13
Ide, H. (Hrsg.): Massenmedien und Trivialliteratur. Projekt Deutschunterricht, Bd. 5, Stuttgart 1973
Jahn, G.: Materialien zur Trivialliteratur. Karlsruhe 1972
Kaupp, P.: Die schlimmen Illustrierten. Leserschaft, Inhalt und Wirkung der NEUEN REVUE. Massenmedien und die Kritik ihrer Kritiker. Düsseldorf 1971
Kreuzer, H.: Trivialliteratur als Forschungsproblem. In: Dt. Vierteljahresschrift f. Lit.-wiss. und Geistesgesch., 41. Jg., 1967, H. 2
Langenbucher, W. (Hrsg.): Der aktuelle Unterhaltungsroman. Bonn 1964
Müller-Seidel, W.: Probleme der literarischen Wertung. Stuttgart 1969²
Nusser, P.: Romane für die Unterschicht. Stuttgart 1973
Rucktäschel, A. / Zimmermann, H. D., (Hrsg.): Trivialliteratur. UTB 637. München 1976
Schemme, W.: Trivialliteratur und literarische Wertung. Stuttgart 1975
Schlotthaus, W.: Trivialliteratur. In: Nündel, E., (Hrsg.): Lexikon zum Deutschunterricht. München 1979
Schulte-Sasse, J.: Literarische Wertung. Stuttgart 1971
Steinbach, D. (Hrsg.): Texte zur Trivialliteratur über Wert und Wirkung von Massenware. Arbeitsmaterialien Deutsch. Stuttgart 1971
Waldmann, G.: Theorie und Didaktik der Trivialliteratur. München 1977²
Wellershof, D.: Literatur und Lustprinzip. Köln 1973

BUCHNERS LESEREIHE DEUTSCH

Bereits erschienen:

Heft 1
Annette von Droste-Hülshoff, **Die Judenbuche**
erarbeitet von Michael Krejci

Heft 2
Clemens Brentano, **Geschichte vom braven Kasperl
und dem schönen Annerl**
erarbeitet von Jakob Lehmann

Heft 3
Georg Büchner, **Woyzeck**
erarbeitet von Karl Schuster

Heft 4
Trivialromane
erarbeitet von Karl Schuster

In Vorbereitung:

E.T.A. Hoffmann, **Das Fräulein von Scuderi**

Theodor Fontane, **Irrungen Wirrungen**

Thomas Mann, **Tonio Kröger**

Mittelhochdeutsche Lyrik

Gottfried Keller, **Romeo und Julia auf dem Dorfe**

Die Reihe wird fortgesetzt.